꽃밥

꽃밥(蕊)

초판 1쇄 인쇄 2008년 5월 15일
초판 1쇄 발행 2008년 5월 20일

지은이 | 안민혁
펴낸이 | 김태봉
펴낸곳 | 도서출판 띠앗
등 록 | 제4-414호

편 집 | 황은진, 김주영, 김미란
기 획 | 정종해
일러스트 | 조시형
마 케 팅 | 박상필, 김명준
홍 보 | 이준혁

주소 | (우143-200) 서울시 광진구 구의동 243-22
전화 | (02)454-0492
팩스 | (02)454-0493
이메일 ddiat@ddiat.co.kr
홈페이지 www.ddiat.co.kr

값 9,000원
ISBN 978-89-5854-055-7 (03810)

꽃밥(蕊)

안민혁 지음

도서
출판 띠앗

❦ 꽃밥(蕊)

어느 날 나풀거리는 나비가 거미줄에 걸렸다.
예쁜 것에만 가려 앉던 나비도 죽음 앞에서는 꿈이었다.
나는 이제까지 미워하기로만 살았다.
이제 나는 사랑하기만도 바쁘다.
지금까지 무심했던 것에 대해 한없는 애정으로 세세히 살펴
소홀함 없는 관심으로 미련 없이 사랑해야 한다.
나는
사랑
사랑할 수밖에 없다.

❦ 목차

✿ 틔움

✿ 자람

✿ 거둠

틔움

준비

마당에 열린 동그라미를 그립니다
가운데 동그라미에는 둥근 의자를 놓겠습니다
동그라미 밖에는 해바라기
해바라기 밖에는 글라디올라스
그 다음에는 백합
마지막 큰 동그라미에 채송화를 심습니다

햇볕 좋은 날
당신이 의자에 앉으면
빛나는 해바라기꽃 아래에서
글라디올라스 색깔로
백합 향을 맡으며
채송화처럼 웃겠지요

나는 자귀나무 밑에 있는 샘물을
햇바가지에 가득 담아
당신께 드리겠습니다
꽃이 목마르듯 당신도 그럴 테니까요

나는 당신이 준 밀짚모자를 쓰고
휘파람을 붑니다
휘파람 소리에 아이들이 모이면

당신은 아이를 하나하나 안아줍니다
아이가 까르르 웃을 때
나도 웃겠습니다

사랑할 수밖에

사랑합니다
미워하며 살기에는 시간이 없습니다
걷어 올린 팔뚝의 솜털을 스치는 바람처럼
입으로는 말하지 않더라도
소리 없이 마음으로 사랑합니다

당신뿐만이 아니라
사랑해야 할 게 너무 벅차게 많습니다
따뜻한 햇살도 찬 달빛도 그렇고
꽃잎에 붙은 딱정벌레도 왜 그렇게 이쁜지 사랑해야 합니다
보이는 것만이 아니라
물소리 새소리 벌레소리…
어느 것 하나 빼 놓을 수 없습니다

이 신비한 세상에
내가 살아 있으므로
나는 사랑해야
아름다운 세상의 일부가 되기 때문입니다

미워하며 빼앗겼던 시간을 후회합니다
빼앗겼던 시간만큼
더

사랑할 수밖에 없습니다
나는
사랑하기에 바쁩니다
누가 나에게
어떻게 지내니 하고 묻지 마시고
얼마나 사랑해 하고 물어 주세요
그래야 내가
얼마나 사랑했는지 깨달을 수 있게끔

수선화

앳되이 첫사랑을
유혹하는 겹 입술에
혹여 나인가 하여 다가가 입 맞추니
냉정히 차디차 섭하기 그지없다

외면당하고 돌아서다 또 다시 본즉
그냥 가지 마세요
본마음이 아니란다
진심을 알 수 없어 찬찬히 다시 보니
죄송해요
웃는 듯도 하고
우는 듯도 하고
원래 꽃이란 보기로만 즐겨 할 걸
생각 없는 입맞춤에 나만 민망스럽다

네 단장하고 있는 건
나 때문이 아니었더냐

떠나고 싶다

봄바람에
빨아 널은 베갯잇 마르듯
소리 없이 몰래
멀리 떠나고 싶다

넓적 돌 밑
컴컴한 곳에 숨은 속내
제 굴에서 기어 나와
서산에 해가 황홀하고
별빛 가까운 곳
이름 없는
꽃 물 바위로

아무것도 아니어서
그냥 좋아
웃기밖에 모르는
부끄럼만의 오지(奧地)로
민들레 씨처럼
떠나고 싶다

소르르 눈 감아

봄빛이 너무 좋아
혼자서 나섰다가
산굽이 길 위에서
소르르 눈 감는 건
그님과 눈 마치어
웃음 웃던 그 자리

아 가슴이 찌르르
그 때 그 님이
퐁퐁퐁 샘물 솟아
새록새록 생각나고
뭉클뭉클 피어나서
아롱아롱 삼삼삼
마냥마냥 그리웁다

그 님도 이 길을
기억하고 오시려나
시냇물 돌다리를
실눈 떠 살펴보면
아지랑이 아물아물
그 님 오시길래
반가워 달려가니

돌다리만 달랑 남아
님께서 먼저 왔다
조금 전에 가셨단다
조금만 일찍 올 걸
내가 먼저 기다릴 걸
또 오마는 기약 없이
먼저 와서 기다리다
약속하다 가셨으니
소르르 눈 감아
눈시울 방울방울
혼자 앉아 웁니다

봄

제풀 겨워 터지는 진달래꽃은
옛적의 님 그리운 아련한 색깔
나풀나풀 나비는 알고 나는가

잡힐 듯 잡혀줄 듯 알짱이더니
실바람 꾀이자 도랑물 건너
이별의 연습 없이 제 혼자 간다

만남에 슬픔이 애초 없었듯
이별에 기쁨이 있으리오만
년 년 봄 맞음이 저릿 서럽다

봄아 봄아 이쁜 봄이야
님 입술 같은 봄이야
눈물나도록 이쁜 봄이야

입김 같은 봄바람에
묻어와 들리는 듯
나를 향하던 님의 소리

둘러 봐도 둘러 봐도
가물가물 아지랑이
온통 그리움

지난해 봄 그리워 다시 피듯이
첫사랑 그리워 다시 웁니다

전지(剪枝)

황사 섞인 봄바람이 귀가 시리다
헛간 틈새 울음 바람이
가랑잎을 맴돌린다

복숭아 가지를 전지한다
바람에 휘청 얼굴 때린 놈 자르고
다가갈 때 눈 찌른 놈 자르고
옆 가지에 눈치 보는 놈 자르고
이쁜 짓 할 놈만 남겼다

잘린 놈 제 팔자이러니
눈 달아 키운 정 다 같으련만
한 어미 가지라도 운명이 다르다

아담 이브 아비라도 다름이 있겠는가
열개의 손가락 다 소중하지만
열한 번째 손가락 가차 없으니
남 때리지 마라
보이지 않는 매도 뼈에 사무치느니라
남 눈 찌르지 마라
피눈물 원혼이 덮치느니라
착한 짓만 하여라

황사 부는 날
큰 님께서 세상을 전지할 때
용서 없느니라

참 좋은 사람

좋은 엄마 아빠
좋은 선생님
좋은 친구

그보다

참 좋은 엄마 아빠
참 좋은 선생님
참 좋은 친구

그래서
나도 참 좋은 사람

봄이라서

버들강아지 나왔어요
봄이라서 나왔대요

종달이가 울어요
봄이라서 운대요

당신은 봄이래서 무얼 할래요

눈 밝혀 나오고
입 열어 우는 봄에
가만히 있기만 하시겠어요

미물도 맞는 봄
마음을 여세요

봄 사랑 목련 피듯
내 사랑을 아세요

사랑

아련히 피어나
휑한 가슴 잠 못 이루십니까

님이 앓듯
나 또한 그래
눈 맞추고 마음 열면
어마나 흉이 될까요

흉이라니요
아침 해 떠오르듯
자랑자랑 하렵니다

어여쁜 내 님은
내 안에 계시어
남은 시샘일 뿐입니다

달빛에도 별빛에도
님의 눈에 내가 웃어
내 웃는 모습을
보고 또 보고 싶어
자꾸 님을 봅니다

님의 눈에 나를 가두어
나는 헤어날 수 없듯이
님도 내 눈에서 웃으십시오
둘이 서로 함께 웃어
말 아니해도 그게 사랑일 겁니다

아하 사랑은
님의 눈에
내 눈에
님과 나만의 눈입니다

연가

꼭 다문 꼭지 움트길 바래
봄빛 깃털같이 사랑합니다
어쩌지 못해 쏘옥 나오십시오
쏘옥 나와서 웃으십시오

한낮 소르르 나른한 때
둥지에 알 품은 참새처럼
포근한 님을 바라봅니다

석양에 지는 해 곱게 흘기듯
잠들기 전 님 모습 품어 꿈꾸다
아침 풀잎 구슬 같은 님
반짝 빛나 굴러 떨어지기 전
제 손바닥에 고이 받으렵니다

나는 님을 봅니다
님에게서 초승달같이 커가는
아름다운 금빛 희망을 찾습니다

둘이 꼬옥 손잡고 날아올라
둘만이 차지할 하늘을 그립니다

하늘이 사랑하시니

찬바람 모질게도 냉대하시더니
봄바람 따듯이 사랑하시어
녹이고
깨우고
부추기신다

하늘 사랑 알아시어
틔우고
피우고
사랑 맞이 야단이다

하 큰 사랑 모른 체이면
죄 왜 아니 되겠는가

하늘이 사랑하시니
꽃처럼 새처럼
티 없는 사랑을 이 봄에 하소서

목련

수줍게 오시더니
급히도 가시네

서둘러 가시려면
오시지나 말지

하얀 소복에
바라 본 이
눈물만 남았네

봄비

새색시 치마 속같이
비밀스레 가만 가만

봄 마중 재촉하여 새순 내밀듯
진달래 꽃술에 꿀물 고이듯
소리 없이 살금살금

새색시 눈 속에 사랑 고이듯
오실 님 마중하러 우산 받고선
봄비 사랑비 새색시비

터질 듯 꽃봉오리 약비
신혼 방 새신랑 꿀비
화전(花煎)에 눈물 괸 홀어미 야속비

천렵

찔레꽃 흐드러지게 피면
화양강 피라미 혼인색 붉어지고
호박돌 밑 탱가리 알 붙이 한창

강철쭉 핀 바위 아래
솥단지 괴어 장 풀고
장마철 고사목에 불을 지핀다

재명이는 족대 들고
수복이는 낚시 들고
문자는 솥뚜껑에 밀전 부치고

잡은 고기 밀가루 옷 입히어
팔팔 끓는 솥에다 집어넣고서
돌아가며 맛보고 간장 파 넣고

젖은 옷 벗어 널고 둘러앉아 퍼먹다
종달이 높이 떠 한낮 기울면
솥단지 엎어 쓰고 집으로 간다

내 고향 화양강 어린 시절은
새록새록 재미있고 그리운 친구
다시 모여 그 때처럼 놀아봤으면

아 아 깨벗고 둘러앉아
오직 이만 하얀 쪼록싸리 웃음
어깨보다 더 넓은 밀짚모자 어디 갔나

뭉클뭉클 달려가고 싶어라
얘들아 얘들아 천렵 가자
아이는 간 곳 없고 저림만 남네

채송화

이름처럼 이쁜
해맑은 웃음

너를 보면

난 어쩔 수 없이
네 아빠 할란다

아카시아꽃

여인의 향기랴
속내 단 꿀이랴

안 보아도 뻔해
눈 주는 이 없어도
베풂에 너그러운
평생지기 본처야

사랑

밤새 아무도 몰래
또르르 구르는
아침 연잎 위 이슬 고이듯
새날마다 그리움은 새롭게 고입니다

누가
이토록 저린 가슴을 내게 가르치겠습니까
빠알간 칸나꽃 같은 열병을 앓게 하겠습니까

간절히 목마르게 그리운 것은
퍼내도 고이는 샘물같이
끝없는 사랑이 샘솟기 때문입니다

님의 안에 내가 있기보다
내 안에 님이 있어
님 그리는 내 맘을
님은 알아야 합니다

어제의 사랑보다
오늘의 사랑이 새롭기를
아침마다 뜨는 환한 해처럼
날마다 사랑을 다시 시작합니다

님이 청실 끝 잡아
나를 매어 놓았기에
님 그림은 간절한 소명입니다

실을 당기소서
명주실 같은 질긴 그리움은
운명 같은 사랑입니다

더덕꽃 피어

사립 울타리 뒤란
마른 나뭇가지 감아 올라
종 다섯 개

순 끝 내밀어 때 없는 기다림
못내 모른 체 할 수 없어
여린 줄기 다칠라 새끼손가락 슬쩍

꽃종은 울지 않고
향기만 너울너울
열아홉 살 누나가 시집가기 전
횃골에서 묻혀와 툇마루서 펼친 냄새

일흔 넘은 누나는 아직도 꽃종
시집간 지 오십 년 친정에 남긴
종소리 없어도 향기는 여전
검정치마 꽃적삼 툇마루 자리
아직도 횃골 바람 들어옵니다

나비

한 점 바람 없어도
팔랑팔랑

나비야 이름만 불러도
팔랑팔랑

입 속으로 나비 하면
꽃밭이 보여요

꽃신 신은 아기가
나풀나풀 뛰어요

웃음

받을 게 없어도
줄 것이 있답니다

사람이 아니어도
작은 냉이꽃이나
실바람에 날리는 끊어진 거미줄도
내가 웃어주면 무언가를 줍니다

공항에서 처음 만난 인도인처럼
눈빛으로 궁금한 걸 알아채듯이
가만가만 웃어주면 알아봅니다

나는
젖먹이 아기가 입만 벌려 웃듯이
나 혼자만도 좋아해 웃으렵니다
개울가 모난 돌도
풀숲에 사마귀도
내 이웃을 아직 몰라 소원하였기
소리 없는 웃음으로 방문합니다

똑똑 소리 내지 않아도
난 찬찬 눈웃음만으로도
그러면 나보다 더 많이 웃습니다

나는
방긋 웃는 꽃밭을
훨훨 웃는 나비로
행복 가득 하려오

무당벌레

나풀나풀 배냇머리
꽃신 신고 아장아장

티 없는 열시 햇살
방글방글 채송화꽃

쪼그려 앉은 눈길
앙증맞은 쌀알 손끝

빨간 보석 까만 무늬
갈까 말까 무당벌레

찔레꽃 피면

찔레 그러면
큰 눈
생글생글

찔레 순 먹고
찔레꽃 따
찔레꽃이 단발머리
찔레꽃 순이

가재 잡던 개울가
찔레꽃 피면
찔레 향 순이
그립다
찔레 순이

인동덩굴(金銀花)

가는 줄기 여린 순이
겨울 견뎌 인동 덩굴
울안 웅달 나무 가지
감싸 안고 꽃을 피워

젊어 은색 늙어 금색
나이 들어 더욱 고와
욕심 없어 나물 죽도
금은 보화 맘이 부자

년년 내내 밖에 둬도
도둑 걱정 없어 좋아
복실 개도 일이 없어
이웃 동네 마실 가고

빼꾹 빼꾹 개굴 개굴
낮밤 없이 잔치 잔치
인동 꽃이 활짝 핀집
대문 열려 웃음 가득

앵두

초경(初經)에 놀라 운
눈물 조롱조롱

철없는 계집애
부푼 입술

공깃돌 놓아두고
녹두(綠豆) 꼭지 젖 가림

하루의 시작

시골집 동산에서 맞이하던 해님을
아파트 옥상에서 해 오름을 봅니다
땅에 있어야 할 나무가 높다란 옥상에 심겨져 마땅치 않듯
내키지 않아도 또 하루를 열으시어야 하기에
출근 시간 전 바쁜 나를 기다리게 합니다

저 아래 까만 아스팔트
착각병증 딱정벌레 자동차 때 없이 기어 다니고
오토바이 버릇없이 악을 쓰고
무엇 하나 정중히 맞이함 없는 도시의 새벽

꼬부라진 할머니의 찌글텅 거리는 유모차 위에
아무렇게나 실려 가는 도시의 죽은 잔해
어젯밤의 푸념 술 토악질로 뱉어내고
포기했던 삶을 다시 시작하는 월급쟁이

아 들판을 걷고 싶다
아침 이슬에 바지가랑이 적시고
산골짜기 안개 속을 찬란하게 헤치고 오시는 해님을
방해꾼 없이 합장하여 맞이해 아침마다 다시 뵈는 기쁨이여

독수리 되어 날아올라
산봉우리 우뚝 선 바위 위에서 가슴 열어
찬란한 빛과 뜨거움을 가득 담아
화안한 웃음으로 쿵쿵 심장을 가동하여
힘 불끈 기운차 하루를 열어 날마다 새롭게 시작하라

비록 산봉우리 우뚝 선 돌 위 아닐지언정
장례식장 아침 해건 만선의 귀향 배건 마음먹기 달렸으니
해님 오소서 떠오르소서
금빛 가득한 아침 금빛 마음으로 맞으리오니
어제의 미련을 버리고 날마다 새로 시작하게스리
망설임 없이 어서 오르시소서

자람

화원

당신은 꽃이어야 합니다
꽃이어서 봅니다

당신이 돌이라면
아침마다 새삼스레 보겠습니까

찬 이슬의 냉정함보다
말없는 웃음이 감동을 주는
향기로운 꽃이어야 합니다

당신이 꽃이어서
나는 화원의 주인이어야겠습니다
꽃을 가꾸는 행복으로
아름다운 화원을 돌보느라
지칠 줄 모르는 농부는 즐겁습니다

꽃을 가꾸는 농부
농부는 가슴이 부풀어 오릅니다
피울 때까지 인내합니다

당신은 꽃이어야 합니다
나는 농부이어서
마음을 갈아 일굽니다
화원을 꿈꿉니다

오월

개복숭아 가지가 하 시끄럽다
애기 처녀 시집가기 전날
젖떨어지 강아지 앞에서
새 옷 차려 입고 뻐기듯
한껏 치장하여 요란 법석이다

진분홍 비밀로 고이 싸
한 번도 보여주지 않은 생식기를
선홍색 속살까지 열어
여우 바람에 꽃술 파르르 떠는 용기로
만수대 김일성 생일날
양손에 들고 흔드는 꽃가지마냥
목이 터져라 외치며 흔들고 있다

누가 불러내어 피웠겠는가만
시절에 제풀 겨워
저 혼자 야단이나
멀리서 보아주는 이 있어도
가까이 들어주는 이 없어
혼자 듣기 왁왁거려도
들어만 주기로서니 무에 어려우랴

연꽃

태초에 생명은 물에서 생겼듯이
조화 빌어 누가 빚어 만들리이까

어미의 자궁을 빌리지 않으시어
범접 못할 순수함으로 오시니

천의를 하늬시며 오르는 선녀
범인은 어찌 감히 뵈오리까만
아침 해 피어난 연꽃 우러뵙니다

향기로 고옵게 춤추시며
자태로 살며시 이르시니
바라본 이 스스로 깨치옵니다

처녀

상아 뚜껑
오디 꼭지

둥근 잎 물에 띄워
아침에 핀 수련 꽃

얼음 깎아 만든 잔에
남실남실 화주 담아
갓 핀 진달래 하나 띄워
더운 손에 녹을까봐 은쟁반에 받쳐 들고
제비꽃 핀 봄바람에 하늘하늘 수양버들

살금살금 족제비
꽃구름 동동

호박꽃

전설은 빛이 바래
듣는 이 없다

할머니 할머니의
물레소리 다듬이소리
할아버지의 할아버지
밭갈이소리 달구지소리

초가지붕 외양간 소 울음
새벽 담장 위의 장닭소리

지금은 몇 대 전의 향수가 된 고향이
하 오래돼 노랗게 절은 나팔통에서
샘물 솟듯 한도 없이 흘러나온다

순리 - 느티나무 밑에서

젊었을 때 나는
어린 느티나무 하나를 강제로 잡아당겨 뽑고 말았습니다
장난삼아 회초리로 휘휘 휘두르다가
무심코 집까지 들고 왔습니다
대문 앞에 들어서다 문득 가엾어
발끝으로 툭툭 차고 뒤꿈치로 꾹꾹 밟아
아무렇게나 생각 없이 심었습니다

외로운 아버지 집 비우시어
집 나간 지 삼십 년 만에 찾은 빈 집은
집보다도 더 큰 나무가 떡 버티어
나를 위압합니다

그새 나는 쉬이 늙었는데
나무는 천년을 살 준비로
바다 같은 잎으로 파도를 넘실대며
굵은 가지로 바람에 맞섭니다
집보다도 더 커진 느티나무를
톱을 대어 자르기에 용기가 없습니다
세월은 나를 주눅 들게 하고
이제는 쑥 커버린 나무만 위풍당당합니다

그 때나 지금이나
내 밥그릇은 크기가 똑같은데
나는 힘을 쓰지 못합니다
그저 기둥에 잠깐씩 기대섰거나
나무 밑에 쪼그리고 앉아
맛간장에 썰어 넣을 파나 다듬는
먼 앞날의 희망보다는 때거리 장만에 바빠 만족하는
힘없는 사람이 되었습니다

내가 괄시하여 심은 나무 밑에서
나무의 존재를 당연시 하고 압도당해
어쩌지 못하고 포기하는
살 만큼 살아
신께서 폐기하기를 기다리는
불용품 신세가 되어
삼십 년 전 외로운 아버지처럼
그저 가만히 기다립니다
그게 순리이니 어쩔 수 없습니다

아이는

아이는
진달래 능선의 연둣빛 꿈을
종달새처럼 말해야 합니다

아이는
포도송이 같은 알을 품은 가재와 놀며
초저녁 반딧불을 쫓다
개구리 울음에 잠들어야 합니다

아이는
거미줄에 조롱조롱 달린
아침이슬을 보아야 합니다

아이는
알몸으로 모래밭을 뛰다가
잰 지느러미 춤추듯
여울물에 풍덩 뛰어들어야 합니다

아이는
달고 신 머루 맛을 알아야 하고
반질거리는 알밤을 주워야 합니다

아이는
할머니의 어린 시절 옛날이야기를
팔베개 하고 누워 들어야 합니다

아이는
잿불에 묻은 고구마가 얼마나 익었는지
냄새로 알아야 합니다

아이는
갈잎에 싸락눈 내리는 소리와
햇빛에 빛나는 고드름을 손으로 만져야 합니다

어른은

어른은
부모님 무덤가
할미꽃 피는 때를 알아야 합니다

어른은
아카시아 향에서
달콤한 꿀 냄새를 가려야 합니다

어른은
장닭이 높이 울면
암탉이 알 품는 걸 보아야 합니다

어른은
송아지 뿔 돋이 머리를 보고
노간주나무 코뚜레를 장만해야 합니다

어른은
가을밤 달이 차면
벼이삭 알들 걸 바래야 합니다

어른은
고개 너머 외딴집
순이 할멈 생일을 찾아야 합니다

어른은
마음이 평안할 때
재산을 알맞게 덜어내야 합니다

어른은
해님이 황혼이 아름다우면
별빛이 빛나는 걸 생각해야 합니다

정선 싸릿재

서왕모(西王母) 거대한 유방
오뉴월 해에 팅팅 불어
만년 나이 잊은 청춘

해 저문 산철쭉 아직도 수줍은 색
행여 님 오며 가며
잊으실까 못 미더워
수리취 흰 수건 흔드시어 나부끼네

동자꽃 가슴에 피운
아름다운 순정을
감히 밟고 올라선 무례
용서하지 못하시어
벌떡 일어나시면

아 참으소서
당신을 찬양하기 위해 오름이니
땀방울 하나 떨구지 아니하고
내 해 그림자까지 거두어 가리니

편히 누워 계시어
영겁(永劫)도록 아름다운 꿈만 꾸소서

아가씨

연잎 위의 물방울
또르르 반짝
금붕어 지느러미 하늘하늘

제비(燕)의 비밀이
달빛에 여무는
지붕 위의 박(瓢)

홍시(紅柿) 품은 속내
봉긋 뵈며 곁눈질

팔랑팔랑 노랑나비
민들레 꽃씨 둥둥

달 뜨면 별 그리워
별 뜨면 달 그리워
샘물에 손 씻어도 그리움은 병
스치는 바람 따라 가고 싶어라

모기

일 없을 때는
나쁜 기억들이
쓸데없이 괴롭히듯
한여름 모기는
오지 말래도 찾아온다

전 생애 죄 많아 죽은
강간범 사기꾼 도둑놈 새치기
제 버릇 개 못줘
피를 빨다 맞아 죽을 팔자

불심(佛心)은 구정물에서도
연꽃을 피우는데
남의 피를 빨아야 사는 놈은
맑은 물에서도 각다귀가 돼서 나온다

개에게도 불성(佛性)이 있다는데
천성이 남의 등 쳐먹은 자라
영겁의 고리를 못 끝내
다시 죽어도 저주 받을 악의 화신

살아생전 죄 많아 죽은 자
회계하지 않아
지옥 같은 마음에
핏발 선 눈으로 욕심만 남아
온 세상을 씹지 않고 빨아도
성에 차지 않는 귀신

뽕나무

순례 얼굴 깨딱지
유월 한창 뽕나무
오디 먹고 파랑똥
파랑 방귀 뽀옹뽕

산골 소녀 호기심
살짝 보인 눈웃음
파랑 입술 파랑니
해쭉 웃는 민망함

장마

마루 밑 감도는 저녁연기가
시에미 죽은 귀신 불러들이어
눅눅한 홑적삼에 들러붙는다

연일 잔치 청개구리 목쉬어 시들
울 밑에 호박꽃 겉늙어 떨어지고
새끼 친 비둘기 때 때울 걱정

물든 감꼭지 맥없이 떨어지고
모기 문 자리 밤새 긁어 허는데
눅눅한 머리칼이 올올이 천 근

소나무 낙엽송 지쳐서 가지 휘고
땅속 살던 지렁이 제집 물 차 피난 난다
길가에 생긴 도랑 미꾸라지 종친회

죽은 나무 물 올려 흐르래기 피어나고
놀부네 고시조(高始祖) 무덤 밑에 샘물 터져
욕심껏 쌓은 봉분(封墳) 속절없이 무너진다

장마란 원래 맑은 날을 위함이요
가물 때 비달라고 그렇게들 빌었으니
달란 만큼 주려니 원망들 마라

당부

장마철 옥수수 크듯
자신을 키워라
비와 해는 기회였을 뿐
자람은 의지니라

감성(感性) 없는 사람은
단맛 없는 과일이다
그릇은 주었으니
꿀 담는 건 네 몫이다

백문불여일견(百聞不如一見)
백견불여일행(百見不如一行)
시도하라
집안에 처박힌 천재보다
돌아다니는 바보가 낫다

꿈은 삶의 목표이니
일생의 도표를 붙여놓아라
손발이 편안하면 근심이 많고
굳은살이 많으면 마음이 편안하니라

콩꽃

열두 살 햇처녀 숨은 얼굴에
갓 돋은 사랑 병 여드름같이
여린 가지 휘청이는 콩 잎 그늘에
자줏빛 콩 꽃이 숨어 피었다

밀짚모자 땀방울 풀물 든 손이
가만히 헤치고 웃음 웃는 건
젖어미 하얀 속살 순두부 그림이요
두부찌개 파들파들 끓음 소리라

콩 꽃 보고 조급증 탓하지 마소
애초부터 심을 때 거둘 욕심은
손자 보듯 애지중지 가꾼 보람이
꽃보다 더 바람 꿈이 아니오

콩 타작 끝내고 두부 하는 날
아내와 함께 오시구려 콩 꽃 예찬에
내가 가꾼 정성을 함께 먹으며
가는 세월 허허허 웃고 보내게

연꽃

늦은 봄
길가 좌판에서
알몸의 당신을 봅니다

번쩍 연상되는 당신의 이미지
주저 없이 품어 안고
아버지 사시던 빈집 마당을 파고
작은 함지에 진흙 넣고 물 채워
애련(愛戀)히 모십니다

연잎 일산 받쳐시어
용궁 선녀 되오시면
고혹스러운 자태와
티끌하나 없는 품위로 나시면
아 아 생각만 하여도 감격 벅찬
님이시여

소홀함이 저어되어
짬짬이 빈 집에
훌 달려 내려와 살펴 뵈올 때
당신 눈 떠 깨어나심
더 없이 감사합니다

지루한 장마 찬 빗물 그대로 맞으시고
살점 그을러 떨어지는 창 끝 같은 햇살
인고의 고통 감내하시어
조물주가 창조하신 것 가운데
가장 완벽함 뵈어
얼마나 기쁜 나머지
울컥 하는 가슴으로
와아
천둥처럼 감격합니다

꿈으로만 그립던 당신을 뵈어
주체 못한 나는
가만히 바라보기만 하기로
그것이 옳은 건지
가장 좋아할 때 얼른 어떻게 할지
누구에게 물어도 정답이 아니기에
당신에게 묻습니다

옥잔(玉盞)에 꿀 담아
잔만 칭찬함 잘못이요
꿀만 혀 달다 잔 괄시도 마땅찮기
첫사랑 잃어 애간장 평생 후회하듯

내 이맘에
님의 대답 내 맘이 아님 어쩌나

용기 없는 자 늘 망설이듯
용기 있는 자 늘 아쉬웁듯
님 어찌하여야
눈으로 바라만 보기로
코로 그윽이 향만 느끼기로
그러하기에는 너무나 부족하여
흠 없는 하이얀 사기잔에
맑은 청주 따라 부어
먼저 님께 올리고
내 그잔 되돌려 받아
님 뚝 따 띄워 내 가슴에 부으리다
하여 대청에 누워 낮 꿈 꿀 때
님은 나이시며 나는 님이시어
어화 둥둥 가벼이
깃털처럼 행복하리다

자두

봄내 바람 피워 시끄럽더니
여름 해가 쨍쨍 나무랐다고
볼테기 퉁퉁 불어 붉어졌구나

사랑 단물 고임도 기특하지만
나무람 삐짐에 신물은 못 감추어
단맛 신맛 섞어 맛이 자두 맛이라

신맛에 침 도는 건 먹어봐야 알듯
단맛에 정 듦보다 신맛에 몸지림이
사랑병 앓는 이의 그리움이라

사랑하는 이들이여
자두꽃 피듯 만발하게 하라
그리하여 자두 맛 침 솟듯 그리워하라

칠월 칠석

보고팠던 그리움이 얼마였기에
까막까치 등으로도 가벼웠느냐
나는 듯이 달려가 부여잡은 손
거미 같은 몸뚱이에 눈물만 남아
서러움에 울어울어 한풀이 하네

약속한 날 헤아려 해 가림 하고
그리움 별 밤 새워 참았던 눈물
열두 폭 치마 끝 다 적시어도
만나자 헤어지랴 더욱 애달아
손 놓아 돌아서며 소낙 울음보

옥황상제시여 옥황상제시여
그만하면 노여움 푸시옵소서
선남선녀 사랑은 불치병으로
사랑병 앓아야 정을 알듯이
정 고파 우는 이가 가엾습니다

오작교 놓아줌도 선처시오만
그리움도 병으로 약이 없으니
원망이 사무쳐 지나침 없이
보살펴 주심을 감사하옵게
하늘 땅 너르니 놓아 두소서

본분이 직녀이니 베틀을 놓고
우직한 농군이 밭 갈게 하면
그 사랑 그 행복 더 바랄 게 없어
천군(天軍)을 몰아내려 야단칠 일도
보화를 덜어 내어 상 줄 일 없소

베푸시소서 베푸시소서
철그덕 철그덕 베 짜는 소리
이러 이러 밭가는 격양가(擊壤歌) 소리
하늘 궁 창가에 들리오시면
그 소리 천음(天音)으로 아시오소서
한숨 낮 눈물 밤 없음이오니
새들은 노래하고 꽃 방긋 웃어
색동옷 입은 손녀 손 모아 합장
할방님 상제(上帝) 칭송하려니
칠월 칠석에 천제충천(天祭衝天)하리다

개복숭아

하늘이 보아 주기만
제 알아서 하니라

누가 꽃 피우기를 가르쳤느뇨
열매에 단물 먹음을 재촉했느뇨

애간장 태워 꼬득이지 아니해도
회초리 들어 눈 부라리지 아니해도

제 알아 낮 동안 익히고
밤 동안 잠자 꿈 꿔

천성이 야박치 못해
벌레에게 보시하고

찔레 넝쿨 나비 바람
따끔 가시 찔러 대도

미움은 아예 몰라
사랑뿐인 원초 토종

접목한 허연 양녀(洋女)
확대 수술 유방(乳房)보다

작아서 괄시 받고
떨떠름해 눈 밖에 난

바람 난 서방 맞이
동구 밖 개복숭아

엉겅퀴

늙은 숫처녀
제 몸 지키듯
살모사 독 이를
곧추세워 독야청청(獨也青青)

그리움은 못 속여
부끄러운 꽃 피우고
오신님 못 가게
몽우리에 꿀 칠갑(漆甲)

꽃가마 지날 적에
발 돋워 살펴보고
조랑말 콧김 불 제
실 눈 떠 훔쳐보고

쇠똥밭에 서 있어도
기품 서린 양반 딸
도도한 기 살림
홀로 고집 의연함

겉만 봐선 속내 몰라
부드러운 꽃 입술로
한 번 맺은 인연이면
일편단심 정절녀

한나절 나비 쫓다
낮달에 눈이 부셔
바지춤 풀썩 내린
오줌싸개 작은 도령

나비 심술 실바람에
엉겅가시 콕 찔리어
엉겅꿀 빨면서
평생 거기 살아라

친구

아무런 관심 없는
지하철 남남보다
멀뚱히 마주 보는
큰 눈의 소가 낫다

울안에 갇혀있어
바깥세상 궁금한 소
바깥세상 시끄러워
울안을 보는 나

소와 난
치장할 것도 없고
복잡할 것도 애초 없어
그저 바라보기로 족하다

난 소를 보고
소는 나를 보고
그냥 눈만 보면 친구

소 말을 내 몰라도
내가 소 말 몰라도
둘이 다 고독해서
소 맘이 내 맘
내 맘이 소 맘

낚시

밤새 마주하던
사위는 별 배웅
연못은 눈물로
물안개를 올린다

밤새 별이 주는 정
품어 키운 씨알이
참지 못해
톡톡

말초 신경 긴장하여
숨이 멎을 때
쑤욱

전광석화의 일 초식에
핑
수면을 가르는 칼 울림
연못은 비명을 질러
출산을 시작한다

연못의 피는 은빛이어서
은빛 피를 튀기며
은빛 씨알을 출산한다

조심조심 해산의 고통을 실어
살림망에 첨버덩
별빛 닮은 해산

홀로 하는 여행

아내가 먼저 갔던 길을
나 혼자서 나섰다
공항에서 헤어지고 호텔방이 썰렁하다

호텔 뷔페 눈요기 시답지 않고
기암절벽 기이함이 본들 흥이 있을쏘냐
정겹게 팔짱 끼고 말 붙임이 간절하다

마왕퇴 미이라는 어인 연유 있기로서니
흙이 되어 가신 남편 따라나서 못 가시고
비단 옷 벗겨 뉘여 구경거리 계시온지

먼저 가신님께서나 남아계신 여인님도
천년을 헤어지셔 그 한 어찌하려 하시온지
오작교 눈물도 메말라서 서러워라

늪지에 해오라기 한 발 들고 서 있는 건
곱게 핀 연꽃보다 더 그리움의 허기짐
제 짝 찾아 갈 집 없어 외로움의 망설임

갱엿(薑糖) 쓰고 청도주(青島酒)가 단 것은
원래의 맛이 아니라 홀로 있어 슬픔이라
달이 간 길 해가 가도 빛은 그게 아니더라

한날 한시 두 눈 입이 같이 보고 맛보아야
희고 검고 달고 쓰고 나누어야 제 맛이라
아서라 홀로 여행은 무슨 욕심으로 하려오

차이나

호떡집에 불났다고 쏴알라쏴알라
중국인 만만디라는데 글자는 쓰다 말고
공자체면 쑥스럽게 웃옷은 훌렁 벗어
삼삼오오 모여 앉아 짝패놀음 삼매경

길가 주방 넓적 솥에 지글지글 향신채(香辛菜)
코딱지 나무의자 여인 속곳 무심하고
종지 공기 긴 젓가락 늙은 소 되새김질
오가는 이 말 참견에 미지근한 찻잔 물

저 넓은 들 언제 갈려(耕) 하나
저 높은 산 언제 도착하나
집 나와 가다 자고 오늘 아님 내일 하고
가는 시간 천천히 따라가면 그만이지

만리장성 백만 일에 하루같이 무에 바빠
물오리 두 마리가 십년 후면 들 덮을 걸
창천에 둥근 달도 이태백이 술잔 담아
옛날에 먹었으니 모든 게 자기들 것

진짜 같은 가짜를 맨 앞에 진열하고
가짜 같은 중국인이 흥정을 하다가도
진짜 같은 중국인이 눈만 흘기면
황하강 붉은 물도 파랗게 만든다지

끝없는 지평선에 운하(運河)물 흐르듯
흔적적흐느적 걷는 걸음 끝 인산인해
오소리 너구리 자갈돌도 튀겨 먹고
붉은 깃발 붉은 간판 하이쏘프라노 노래

열 사람 소로(小路)를 만 사람이 지나 대로(大路)
예부터 걷던 길 오늘도 그 길
비단장사 왕서방은 보물을 땅에 묻고
왕서방 손자들은 모조품을 파내 판다

천문산기(天門山記)

장가계 뜰 앞 수려한 분재(盆栽)
신선이 살았다는 기이한 하늘 마을
깎아지른 절벽에는 매도 날지 못하는데
필경 신선은 구름을 타고 날았으리

구름 안개 낀 가리움에 뻥한 치부(恥部)는
요요(嫋嫋)한 정기를 한없이 흘려내고
거대한 용 낳은 음부 아직 닫지 아니하여
동트는 핏물 햇살 한없이 흘려 낸다

누가 저곳을 간질렀는가
가만히 누워있던 땅의 신비 열어
저곳에서 나온 용은 이미 바다에서 늙어 승천했으니
용의 아비 누구에게 묻겠는가

아 저 문을 되돌아들어 어미의 뱃속 땅속이거나
혹 부름을 받아 안개에 싸여 하늘로 오르거나
원래 아무것도 아니었던 내가 저 문을 지나 다시 나올 땐
문가의 거웃이 되어 용의 아비 되는 이의 거대한 사정을 느끼리라

제 몸에 이(虱) 같은 인간들이여
천문(天門)을 더럽히지 마라
먼 곳에서 바라만 보고 경배하되
행여 천문산이 돌아누우면 혼백이 갈 곳 없나니

땅 어미 옥문(玉門) 열어 하늘 아비 마중하니
겸허히 기다려 미륵(彌勒) 분만 기원으로
제 삶에 집착 말고 천세만세 후손에게
조상 된 본분으로 열린 치부(恥部) 예찬하라

원가계

하 많은 세월 동안
얼마나 많이 울었기에
그 눈물 흘러 골 지어 패였는가

서서 울고 앉아 울고
돌아 앉아 생각하다 또 울고
울다가 어디로 갔는가 어여쁜 큰 이여

예날 이는 천만 년을 살았다니까
옛날에도 사랑은 눈물이 많았시까
어인 사랑은 기쁨보다 서러움이시었을까

골골이 세운 기둥 지붕 하늘 받쳐 열으시고
사랑궁 지어서 희희낙락 사랑가로
한날한시 승천하여 빈터만 남기었나

비단 자락 휘 돌아 춤추던 팔만 기둥
섬섬 옥수 튕겨 울던 비파소리 들리는 듯
그 예날 상서로움 안개 되어 남아돈다

천인(天人)이 앉아시던 까마득한 석좌(石座)
저 아래 천단(天丹) 다리시던 옥로(鈺盧)
나들이 가시다 금방 되돌아오시려는 듯 벌여 놔 두시오니

아 잠시 잠깐 고양이 걸음으로 훔쳐보기로
하찮은 인간 기웃거림을 용서하소서
당신의 흔적만 보고도 놀라운데 당신을 왜 아니 두렵겠나이까

팔월 십육일

개(犬) 근심 삼복에 황구(黃狗)는 벌벌 떨고
더위에 지친 주인 냇가에 솥 거는데
근심 없는 황소 쇠 불이 만근

호박잎 축 처져 숨 몰아쉬고
강가에 자갈돌도 뜨거워 돌아눕고
얕은 샘 바가지 물 한낮 전 다 졸았네

물속에 피라미도 더워 그늘 찾으니
물 밖의 꽃뱀인들 옷치장이 가상터냐
개구리 놓아두고 꼬리헤엄 삼매라

산사의 염불스님 지쳐 벗어 벌렁 눕고
계곡의 여신도 속치마 물장구라
극락이 따로 있나 절집 앞이 바로일세

해 저문 열대야에 눈치 볼 게 무엇인가
너 나 없이 벗은 몸 열어젖힌 들창문
가슴 넓은 머슴이 왕후장상 부럽잖네

박꽃 같은 아낙이 곁눈질로 훔쳐보고
남 몰래 맘 조리며 열은 선잠 지는 밤
하늘에 별만큼 반딧불이 춤춘다

비밀

열아홉 살 동공을 확대시킨
알프스의 하이디 같은 소녀를 보았다
마주친 눈길에 소녀는 웃었다

어디 사는 누구인지 모른다
세월이 머리를 희게 했어도
가슴 쿵 하게 한 미소를 남기었다

그 날 바람이 불어서 그랬을까
흰 구름 둥둥 떠서였을까
숱하게 지난날에도 잊지 못한 미소

소녀에게 나도 웃어 주었는지 모른다
빗진 것 같은 아련한 가슴앓이
소녀도 간직하고 있을까

소리 없는 웃음
둘만 아는 미소
말 못한 비밀

임지 바뀐 날

전근을 간다
종이 한 장 받아 들고 집에 갔다
좋아하는 후배의 환영 술에 취했다
만취해 꾸부정히 잠든 등을 아내가 토닥인다
꿈결에 듣는 소리
이제야 내 신랑이 집에 왔네
그렇구나 맨날 혼자였는데
내 집에서 내가 잠이 들었구나
내 집이 낯선 나
시체같이 곯아떨어진 등판일망정
기대일 언덕 있어 든든하려니
이제 다시 아내에게 길들여지리다

팔려간 송아지 매매 거리듯
구멍 뚫린 창호지 조각달 든 밤에
어린 시절 부르던 동요
뜸북뜸북 뜸북새 논에서 울고
뻐꾹뻐꾹 뻐꾹새 숲에서 울 때
멀뚱멀뚱 눈으로 부르기를 몇 밤인가

흙 덮인 진창길 헤매이어도
떫은 감 하나 못 챙기고
소매 끝 다 헌 땀 절은 셔츠
빨랫줄에 널은 짝짝이 양말 모양
무언가 어색함이 스믈스믈 배인 몸
콜콜한 묵은지 짜내 찜질방에 버리고
곰팡이 피런 구두 반질거리게 닦아
다림질 칼날 선 바지 입고
으흠 뒷짐 지고 다녀오리다
매일 매일 오리다

첫날

신임지 첫날
내 책상 위에서
호접난이 웃는다

화분보다 긴 분홍리본
보낸 이의 직함이 겨워 지친다

뚱뚱이 빨강머리 청바지
아줌마 미쓰 나름대로 힐끗힐끗 탐색전
캡틴은 늘 경계 대상

적군 같은 아군을 사랑해야 할 텐데
사랑으로 가는 지름길이 없어
오늘 하루도 외롭다

석가 예수 마호메트
사랑을 못 다한 한(恨) 후세에게 남겼기로
그 의무를 이행할 일 내게도 지웠거니

내가 미워하지 않는데 미움이 오겠소만
내가 사랑하지 않는데 사랑 또한 오겠소만
사랑을 시작하자

웃음은 관심의 시작이니
마음 열어 베푸는 자 적이 없나니
첫 만남을 아름답게 하려오

부끄러움

문득 난 부끄러운 때가 있습니다

단풍나무 새순 돋음을 까맣게 모르고 있었거나
어느 날 강변의 억새꽃이 바람에 날릴 때나
쑥 빠진 몸매에 마침한 옷을 입은 미인의 알 수 없는 미소

누구의 것도 아니었지만
나만의 것을 몰랐던 것처럼
남이 알아챌라 혼자서만 부끄럽습니다
부끄러움은 미꾸라지 바람피우듯 잘도 빠져나와
나도 모르게 입안의 침샘을 자극합니다

어느 날 맑은 하늘 아래
넙적 바위 위거나 모래언덕이거나
발가벗고 눕거나 서 있거나
부끄럼 없이 그렇게 서 있어보고 싶습니다

태양이 내 몸 구석구석 비추고
바람이 어디든 핥고 지나가면
나비처럼 너울너울 손짓해
그냥 떡갈나무처럼 부끄러움 없이 서 있을 수 있을까요

산비둘기는 아무 관심도 없고
잠자리가 정지 비행을 해도
아무 해코지 없는 짐승마냥
스르르 고삐 풀려 나온 송아지
집 못 찾아 멍하니 서 있다가
주인 만나 반기듯 부끄러움을 잊고 싶습니다

간절한 그리움은 그리움일 뿐이지
정작 그리움을 만나면 그토록 그리워한 걸 부끄러워 합니다
애초 몰랐더라면 그리움도 반가움도 없었을 것인데
연년(連年) 흐름에 미련 같은 아쉬움이 자꾸 붙잡아
잊고 있던 것을 번쩍 새롭게 하여
어느 날 문득 만나면 어쩔 수 없이 또 부끄러워집니다
부끄러움은 늘 후회를 불러 옵니다

난
머언 눈으로 창밖을 보거나
아님 일부러라도 산새를 보러가거나 바람을 맞으러 가겠습니다
잊고 있던 옛 이에게도 안부를 묻겠습니다
떡갈나무처럼 묵묵하지 못할 바엔
혹 어쩌지 못할 부끄러움이 없게 말입니다

가슴앓이

농익은 다래 꼭지 쏙 빠져
퐁당 계곡물에 흘러갔네

단물 더 들기 바래 쳐다만 보다
단풍 든 잎 똑 떨군 날 없어졌네

횡재한 너구리가 먹었을까
동동 한없이 흘러갔을까

돌아보는 눈길 억새꽃 나부끼는
찌잉 첫사랑

거둠

얼굴

할 일 없이
가만히 거울을 본다

눈 밑 주름 한 근에 욕심 열 근
마음에 담아있던 이는 어디로 가고
꺼멓게 주름진 얼굴이 나를 본다

어떤 이는
가만히 있어도 절로 고개 숙여지고
어떤 이는
발버둥 쳐도 우스워 보이는데
거울에서
종잡을 수 없는 이가 응시한다

그 나이라면 얼마나 평온한지 가늠해야 할 텐데
세월의 흔적만으로
밤송이 가시에 파뿌리만 보이네

손잡지 않아도
나란히 앉아 있기만도
아니
그 사람 내 친구이려니 마음에 있어
문안을 묻고 싶은 이 언제쯤이나 되려나

장맛비 개울 돌 굴러 동글 거리듯
모진 맘 무엇으로 닦아
내 얼굴 환하려나
어허
세월 따라 제 얼굴에 책임을 지려무나

안개비 오는 날

떼 뱀 골짜기
정체 모를 징조
산마루 다 무너진 묘비 없는 무덤 돌아
삐그덕 울어대는 마루 밑에 숨어든다

소쩍새 절규하여 피 떨구어 운 자리
핏빛이 선명한 멍석딸기 풀섶
주인 없는 고무신이 운 눈물고임

밤꽃 떨구는 몸 서림에
움추러 든 산마(山薯) 순
늘어진 거미줄 죽엄의 흔적

습기 찬 내상(內傷)을 부풀리어
죽은 이를 불러내고
산 이를 회수(回收)하는 날

시월 이십삼일 무지개 뜨다

낙엽 지우려 찬비 내리더니
집을 나선 출근길
해가 바라봐 주는 내 집 가까이
선명한 무지개가 그림처럼 떴다

쑥뜸 떠 부푼 발 절며
더운 밥 지어 먹인 그 정성 가득 담아
망우리 고개 너머 무지개로 배웅하니
흔치 않은 가을비에 나이든 이 연가(戀歌)
이심전심(以心傳心) 무슨 말이 필요하리오
해후 삼십 년 은행잎 물든 가을
팡파래 울림 없이 숨소리만으로도
온통 노란 잎 포로

가을비에 낙엽지어 스산하다 했다지만
빨간 단풍 보며 노란 잎 폭포 아래
무지개 뜬 가을날도 때로는 있어
함께 즐겨 살 만한 인생이라오

어제의 몫을 오늘도 못다 쓰니
오늘의 몫을 남기지 맙시다
내일의 몫은 내일 또 베푸시니
마음인들 남길 게 무에 있겠오

밤

동짓날 찬 달이 창끝 내 찔러
늙은 밤나무 둥치 하얗게 서럽다
인정 없는 매몰참 망부석 묵묵
베갯머리 찬 서리 희끗희끗 맞는다

날생선 가시 발리듯
온몸을 치죄하여 오슬오슬
꺼진 아궁이 불 살릴 오기마저 삭아
달빛 닮아 창백한 표피로 샌다

노린 꾀꼬리의 고급스런 간교함
개복숭아꽃 자지러지는 웃음의 회상
온통 다 벌거벗기고 싶은 젊음의 충동
지나간 것은 아쉬워 슬프다

추워 쌀벌레 콧김도 감지덕지
아비가 채운 독 다 비웠으니
뉘 것을 욕심낸들 무슨 소득있겠나
달빛 칼날 저미어 마른 상처 쓰리다

긴 밤을 탓하리오
허망함은 제 잘못이려니
써 버려 소진함은 순리
아침 해 돋음을 욕심 없이 맞으려오

위선자

제비는 가로 날고
황새는 세로 날고
아무도 하늘을 제 것이라 하지 않는다

저 달이 저 별이 제 것이 아닌 것처럼
물도 바람도 스칠 때뿐인 걸
땅이 물이 하늘이 제 것이어야만 하는 이

놀부를 욕하면서 누구나 놀부인 걸
한 치의 가죽으로 포장을 하여
아닌 척 시침 떼는 자폐증 환자

저 무덤 해골만 남은 위선자의 비석 세워
표본으로 그 자식 똑같이 닮아
악귀의 눈으로 욕심을 먹는다

욕심은 똥으로 나오지 않고
그득 그득 뱃속에 가둬
소화되지 않고 팽창하여 한없이 부푼다

제 어미 애비 배 부어 죽어
빈손으로 간 것 뻔히 알아도
저는 죽지 않아야겠기에 영생을 신봉한다

쓴 것은 골라 남 주고
단 것은 골라 제가 먹고
욕심을 부풀리어 법을 연구한다

법 모르는 사기꾼 어디 보았는가
욕심 없는 사기꾼 어디 있는가
남 속이고 오밤중에 회심의 웃음 웃는 이

빈자의 서러움을 비웃고
우직한 일꾼의 수고를 모르는 이
때 되어 밥 먹을 자격 있는가 당신은 있는가

가을서시

매아미 울음 지치고
도랑물 이슬 모아 맑아지니
방울벌레 또르르 구슬 굴린다

정열의 폭염(暴炎)도 한때이어든
이제 철들어 숨 고르고
바람에 한들거리는 코스모스 가녀린 여인을 꿈꾸리다

각질의 애티 우수수 떨구어 버리고
그으르지 않은 속살 살풋 보이는
뺨 솜털 간질이듯 가만가만의 유혹

용맹정진의 기운찬 진군나팔 넣어 두고
큰 눈에 눈물 뚝 떨구는
누군가를 그리워해야 할 허기짐을 헤매인다

풀 숲 용담 꽃 수수하게 숨어 피어도
그 향 숨기지 못해
지나는 이 스스로 찾듯 이 가을 준비하여 맞으려니

성(盛)함보다 쇠(衰)함에 영글듯
기운차 용기 솟음보다는
마음 어느 것인가 비워 새 향낭(香囊)을 넣으리라

발목에 은방울 달고
연한 실크 머플러 목에 둘러
가을바람에 님이 기다리는 곳으로 가리다

가을에 청하기

황금 들녘
가을벌레의 또르르 현악 중주 들으려
쑥부쟁이 핀 가을 길을
함께 걸으시렵니까

아지랑이처럼 피워 간
사무치게 그리워했던 사랑을
서로 고백하지 않으시렵니까

쑥스러웠거나 아님
망설이다가 흘려보낸 아쉬움이
그냥 버리기로는 못내 응어리짐을
몽실거리는 포도송이 한 알 한 알 따 입안에 굴리듯
단물 가득 밴 이야기를 나누지 않으시렵니까

진정 당신께서는 설레임을 눈치 채지 못하였더라도
그때만은 행복하였기
행복했던 날의 무지개를 소녀처럼 그리워하며
아하 다시 옛날로 되돌아가면
하마 님은 웃을까 손잡아 묻고 싶습니다

맑은 가을 하늘도
내일이면 냉정하게 차가워져
마지막 쑥부쟁이도 시들고
풀벌레 날개 비빔도 부서지면 어쩌나

철없던 봄도 가고
거침없던 폭염도 시들어
감쪽지 물드는 가을 길에
정중히 당신을 청하옵니다
스산히 머리카락 휘날리는 가을바람에
따듯한 손으로 님을 잡아보렵니다

가을바람 맞이

늙은 나무 고집 뙤약볕 시위
안 오마던 바람을 제 혼자 맞아
신들린 과부 죽은 서방 맞은 듯
온 몸 신경 곤추어 바람맞이라

가을바람 손끝 말미잘 촉수
늦바람 자지러져 제 몸 맡기고
어머나 어머나 잎새 말 빈말

가을 첫 바람 아니어든
이 몸 지림 누가 알게 하랴

기다려 다시 올 새삼 기쁨 견주련만
오는 듯 다시 가고 잎 떨구는 상처 줘도
또 오마 기약이면 어찌 아니 맞으리오

꽃 지워 간 봄바람 약속함보다
영글 씨앗 품어오는 가을바람아
몸피 벗어 온 몸으로 맞으리오니
예부터 알아오던 기다림의 가을바람

오시면 가실 줄 어련히 아리오만
몸 맡겨 정듦을 어이 막을 수 있나
오소서 산등성 넘어 억새 소리 담아
벼이삭 패는 논 벌판을 달려
고집스레 기다리는 은행나무 간질러
방울방울 매달려 자지러질 가쟁이마다 첫 비명

유리 하늘에 가을바람아
여름에 지쳐 희끗희끗 머리 시는 중늙은이
그 옛날 신혼 초 문틈 달빛처럼 오너라

가을 단상

해 떨어지는 산길
빈 바랑 메고 제 절 가는 중 모양
선들 바람 근심스레
갈잎이 서걱인다

산 새 돌아 빈 길
딱정벌레 잔해
남색 갈꽃 용담
빈소 지킴의 차거운 관심

솔 잎새 스치는 바람
귀밑머리 소름 당기어
그리움 되새김은 아득히 가고
갈 길 저만치 어둑한 곳 재촉

단청 올린 저 집이 갈 길 끝인가
부릅뜬 사천왕께 세 번 절하고
명부전 판가름에 등잔불 하나 밝힐
해 저문 가을 길을 혼자서 간다

아가중 무릎 꿇고 눈물 떨구어
제 어미 그리움 삭이던 자리
다 삭아 구멍 난 빈 바랑으로
가을바람 스산히 스치웁니다

살면서

늘 좋은 날만 있겠는가
하늘이 맑기도 흐리기도
뜻대로 되겠는가
살다보면 잠 못 이루는 밤 숱하고
맑아도 찡그리고 비와서 웃는 날도 있잖은가
혼자 수도할 수 없어
뚱뚱이 홀쭉이 다 동무하니
흰 강아지 검정 강아지 두루두루 쫄쫄 컹컹

제비 날듯
제 좋은 것만 찾아 날 수 없어
무거운 머리 양 어깨에 받쳐 올려
땅 한 번 보고
하늘 한 번 보고
입 속에 가시 뱉어
청소하듯 웅얼웅얼

논두렁 밭두렁 땅강아지 옴사마귀
사는 곳은 같되 먹는 것이 달라
한 놈은 나는 것을
한 놈은 기는 것을
두 놈 다 사납기로는 앞 뒤 못 가리나

남의 것 욕심 없어 다툼 없건만
제 떡 놔두고 남의 떡 달다 쓰다
제 살 오름 없건만 남 비위 거스름을
혓바닥 제 것이라 무 자르듯 놀리누나

달밤에 혼자 체조하든 밭을 갈든
참견 안함 그만인 걸
제 속 남 속 두루 썩혀
꺼먼 속 읊다가 한 줌 재 날려질 걸
달 떠도 허허
비 와도 허허
남이 바보로 여겨 관심 밖에 놓아두면
옳지 그게 편한 삶이라

산다는 게

속상하게 하는 건
바람도 물도
나무도 짐승도 아니다

속으로 뿔이나 꼬리나 털이 숭숭 나있어
그것을 감추어 숨기고
가면을 한 인간이 만든다

꽃이 울며 피던가
소가 웃으며 받던가
사람만이 혀로 찌르고 눈으로 후벼 판다

외로움이란 미워할 상대가 없음이며
만남이란 언젠가는 미움을 남김이어
뿔대로 맞서고 꼬리대로 휘두르고 털대로 찌르는도다

산등성이 늙어 꼬부라진 소나무
바람 비 맞아 몸 맡기어 두어도
마음 비워 천년을 살아 혹 죽어도 하늘에 오르려니
사람이란 자만에 빠져
제 귀한 줄만 알아 대접 받기만 바래
날마다 죄 지은 값은 계산 않고 용서만 빈다

어쩌나 주인은 대답도 하기 전
죄 값 외상이요 셈 없이 자신 있게 미뤄둔다
몰라라 제 몫은 무엇으로건 대신할 수 없을 터인데

근수 달아 갚을 때 억울하외다 발뺌하고
이제까지처럼 기도하듯 빌면 들어주실까 알 수 없어라
그저 갚을 일 없는 외로운 늙은 소나무로 좋아라

달 별 벗하여 살아도
뻐꾸기며 소쩍새며 제 알아 동무해주니
훗날 셈할 때 솔 씨처럼 가벼워
맘에도 없는 이 대면하여 미움을 키움보다 낫지 않겠소

인생

뜨거운 태양을 가둬
독기를 푹푹 고아
끈적끈적 응축된 진액이 흐르는
씀바귀나물

소금에 절이고
마늘 짓찧어 넣고
고춧가루 버무림

뜨거운 밥숟가락 위
한 젓가락 푸짐히 얹어
대충 꿀떡

짜고 맵고 쓴맛이 참맛임을
단맛에 길들여져 잊었구나
잊어버렸구나

느티나무 정자에서
단풍 든 산 바라만 보고
서리 내린 바위틈에
용담꽃 향기 퍼짐 모르는도다

산도 늙어 억새꽃 피면
꿀 담은 꽃도 죽어 백설(白雪) 덮어 장례(葬禮)하니
느티나무 정자인들 찬바람 아니오랴

단맛에 이 삭듯
정자에서 무릎 삭아
업어줄 이 원망 말고
씀바귀 맛을 즐겨하오

먹구름 끼인 날

회색하늘 뒤덮어 컴컴한 낮엔
아무도 만나지 말자

온몸의 피돌기 걸쩍해 꽉 막혀
찐득거리는 머리 때 들러붙듯
웃음보다 찡그림이 앞질러
눅눅한 땅굴에 뱀 같은 살기 돌아
행여 고운 이에게
깨진 창문 유리 날같이
내 뜻도 아니게 상처를 줄까 저어되어
맑게 갤 하늘을 그리며 가만히 기다리자

옛날 장군은 맑게 갠 날 날 잡아
깃발 펄럭이며 전쟁을 했다지만
놀이로 하는 싸움이 아닌 바에야
죽기 살기로 미워해야 할 그 무엇이 있겠는가

머리 위에 먹구름을 이고
축 처진 어깨로 문밖을 나서
앞서가는 이의 뒤를 따르지 말라
그가 흘리고 가는 울적함과 뱉어낸 독백이
저기압으로 맴돌다 네게로 올 것인즉
남의 죄 지음까지 내가 받아 무얼 하겠는가

흔히 원망으로 죽은 귀신이 쨍 해난 날 숨어있다
먹구름 끼인 날 나돌으니
산 사람은 살아있는 도리로
하늘 푸른 날을 기다려 좋은 이를 만나
즐거이 웃고 기뻐 행복해야 하니

먹구름 끼인 날은
꽃 한 송이 빈 컵에 꽂아 놓고 찬찬히 바라보며
백지에 마음 담아
맑은 날 만날 이를 그리자

무심(無心)

하늘이 찌푸린 날은
그리운 사람도 없다

거울 같은 수면 위에
낚시나 드리우고
건빵이나 씹으며 가만히 있고 싶다

무심한 나비 한 마리쯤 날아도 좋고
빗방울 한 두어 개 떨어지다 말아도 좋고

동그마니 웅크리고 앉아
찌 보기 심심하면 하늘 한 번 보고
강아지풀 줄기 잘근잘근 씹다가
포대기에 잠든 애기같이
소르르 잠들어도 좋다

가끔 개구리가 꽥꽥 울어도
제 좋아 울거니 눈길도 주지 말고
난 숨쉬기만 하련다

절간의 금부처가 염불에 답 하더냐
중대로 염불하고 부처대로 웃으니
번뇌 많은 중 시끄럽고
머리 빈 부처 편타

밤낚시

참깨알 같은 별에 갇히어
물안개 오르는 수면을 바라본다
첫사랑을 죽여
물속에 담가 놓고
고양이같이 쪼그려 앉아
아무도 보지 않을 때
몰래 건질 터이다

첫사랑은
미련과 원망만으로
외눈박이 파란 찌만 남기고
수면 위로
따듯한 입술 대신
머리 풀어 안개로만 올린다

연분홍 진달래 가지에
낮 동안 행복했던 소쩍새가
밤 동안 소름 끼치도록 외로워
소쩍 소쩍
피 토하는 절규로
애탐이 지나쳐
머리끝이 삣죽 무서웁다

문득 뒤꼭지가 서늘하고 오줌이 마렵다
물안개보다 더 김이 나는
오줌발을 내갈긴다
왠지 뒤가 켕긴다
죽은 여인이
젖은 소복에 갈고리 손톱으로 등덜미를 찍는다

쪽빛 자지러진 몸으로 홱 뒤돌아보는 순간
파란 눈이 껌뻑인다

팔보다 먼저 미끌덩 첨벙
궁둥이가 연못으로 빨려 들어가고
창끝은 마하의 속도로
물뱀 모양 끌려간다

소복 여인은 사라지고
나뭇가지 잠자던 비둘기
홰치며 날아가자
깜깜한 건너편에서 어이 대물인가벼 소리친다

젠장
저만치 반짝
라이터 불에 비친 꾼의 얼굴이
귀신보다 더 무섭다
스믈스믈 눈 코 없는 지렁이가
후줄근한 종아리로 기어오른다
어쩌지
새벽장에 생선 몇 마리 사 갖고 가

망부석에 묻는다

아기는
순이
순이씨
순돌이 엄마
영주 할머니로 불리우다
늘 오가던 밭둑에 묻히었다

식구들은 제각기 짝지어 가고
무덤으로만 남겨져 부르는 이 없이
망부석이 삐뚜름 지키고 있다

꽃 같던 시절은 잊혀지고
꼬부라진 할미만 기억하는 망부석
덤덤한 망부석은 말이 없다

저 세상에 간 할미
누가 무어라 불러주나
여보 그 소리가 제일 좋으련만

누가 불러주나
나도 가면
누가 무어라 불러주려나

죽음

꽃밭 위로
훨훨
나비 다음
무엇이 될까
더 이상 꿈이 없다

꿈이 없어
슬픈 나비
꽃밭 위에 앉아
고운 날개 접고
울며 죽는다

코스모스

파란 하늘만 사모해
목이 빠진 소녀

가림 없는 잎사귀에 부끄러운 몸
솜털 돋는 한기(寒氣)바람 아랑곳 않고
꿈꾸는 듯 바램만의 순진떼기

찬바람에 울어 울어
울수록 말개지는
꽃 피워도 꽃 지워도 애처로운 너

한 묶음 원망이 있으련만
한없는 기다림 습관이 되어
바람에 몸 맡기어 야위어 간다

아름다운 기다림
잠깐의 만남 희열보다
오랜 기다림의 바램이러니

코스모스 아가야
순진한 아가야
슬픈 아름다움은 가련하단다

돌부처

하 많은 세월을 눈이 닳도록 보시고
코가 문드러지도록 참으시어
깨우치셨나이까
말 없으심은 부질없다는 뜻이옵니까

돌에서 빈 몸으로 나시어
어디로 가시려 나서다 멈추어 계시오이까
합장하는 이의 간절한 기원에
차마 발걸음 떼일 수 없어
미련으로 몸 헐어 보시하시고
비바람에 다비하여 되돌아 돌이 되시오니까

깨달음의 고행은 밤낮 없음이어
그윽이 내려 보시고 묵언으로 일관하여
돌 가슴속 깊이 영근 사리
천둥 번개에 열어 해탈하실 날 그 언제

가르쳐 주소서
미련한 놈
부처로 나지 못해
더운 피 식고
무른 살 삭혀 되돌아 갈 곳 어디

어미로부터 왔으나 어미 간 곳 모르니
갈 곳 없는 중생
천둥 번개 오시기 전
참지 마시고 가르쳐 주소서
돌로 되돌아가시듯 그 무엇으로 되돌아 가리이다

합장

단풍

불이야
불이야

어데

저그 골짜기가 모데 빨간네
연기 한 올 없이 자알도 타지에

안개 끼고 새벽에 춥더만
확 싸지러 뿌렀네

그기 아이고
뫼똥 옷 벗기라카니 부끄러바서 그러재
때 됨 다 지 알아서 벗는기 서둘러싸안나
저 골 시커먼 굴 안 뵈나
부끄랍기도 하겠다이

망개아 데불고 농 삼가래이
송이 들고 코냄이
네 낯 단풍이래이

하모
서방 죽어 땅에 묻곤
참말 오래데이
첫날밤 색시같이 부끄럼 참 곱네

하이고 단풍 놀다 아 들겄네
청무시나 뽑아다 무밥이나 해 먹소

말 마래
찬 달에 솜이불 다 헛거래이
단풍든 밤 서방 품은 복 터진 년이라
콩 단 지고 오는 서방 얼른 가서 맞그라

안개 짙은 출근길

좋은날만 있으리오
나쁜날만 있으리오

웃음만도 병이듯
울음만도 병이듯

안개 낀 날 아침은
국화꽃 목 축이고 송이가 돋을 테니
축축한 머리칼로
코끝에 묻어나는 향을 그리워하라

이쁨도 있었으련만
미움만이 마음에 담아
가슴속에 꺼멓게 뭉쳐둔 것 얼마냐

짐 된 것 미련 없이
허 허 웃어라
흘김도 버려라
몸 두고 돌아갈 때 가벼이 훨훨 날아
바람에 풀어지는 연기같이 가려무나

없는 자 없어 불만
있는 자 있어 근심
견주어 볼 가치 없는 쓸 짝 없는 자존심
돌비석에 이름새김 죽어 다시 살더냐

주어진 그릇만큼 먹고 가면 그만이지
동냥 빌어 더 주더냐
남겨뒀다 봐 주더냐
숨 쉰 만큼 거두려니

하늘이 알아서 하리라
그 뜻을 거스르지 말지니
그저 감사하라
한 생명 맡겼으니 기뻐만도 바쁘잖소

치매증

천 근인 몸
녹 슬은 기계 움직이듯 삐걱거리고 딱딱하다
호흡은 가쁘고 목이 아프다

꺼먼 먼지 끼인 에어크리너
순도 높은 첨가제의 에너지 공급
신품 이후 한 번도 교체 안한 쩔어 붙은 윤활유
덜커덩거리는 막 길로 험하게 몰은 본체
닳아서 풀려진 나사

폐차까지 몰은 내 몸은
견적서를 낼 수 없다

아인슈타인의 하드웨어도 폐기되고
알프스의 소녀 하이디 같은 꿈은 글로만 남았다
한 세대의 경고등이 점멸을 시작한다
어미새의 생명에너지가 알로 전이되듯
미지의 윤회가 멀지 않은가보다

이 세상을 다 보지 못한 게 하 많다
이 세상에 다 하지 못한 게 너무 많다
조급하듯 무언가 해야 할 터인데 무기력하다
한겨울같이 굳어 기동할 수 없는 허망증(虛妄症)이란
새 씨앗 움트듯 봄에 다시 나기 위한 필연(必然)의 과정이려니

민들레꽃이 되어 살았으니
민들레 씨앗 되어 바람 뜻에 맡기리다
다만 갓털이 덜 돋아 근심이외다

바다의 절규

바람이 인다
바다가 울렁인다
허연 각질(角質)을 턴다

내장을 근질으는 이물질로
불빛을 향해
그만 그만 절규한다

아는가 알아듣는가
찢어진 깡통을 소화시키는 고통
콜타르 같은 눈물 솟음

꺼멓게 탄 내장
차마 눈 감지 못한 주검을 건져 올려 채운
무심한 당신의 뱃속에 닥쳐올 고통

끼룩끼룩
퍼렇게 병든 바다에서
하얗게 질린 갈매기가 운다
소화시키지 못해 찌익 배설하며
바다의 아픔을 앓는다

충치에 아스피린 처방하듯
외면하는가
보라 저 몸짓
저 소리 들으라
아침마다 붉게 출산하는 저 큰 분을
모르는 체 하려는가

가을

산이 출산한다
핏물 홍건히 능선에 배어난다

해님 사랑 혼자 받아
톨톨이 영근아(兒)
와르르 쏟아낸다

뉘라서 구완하랴
산열(産熱) 앓아 들뜬 몸
하얀 달이 식힌다

억새꽃 이불 피어
귀한 손 살펴 받아
제만큼 사랑이라 시샘하여 자랑한다

여름내 쏟은 정력 가히 놀라옵기로
금슬(琴瑟)에 답하옵기 지극 정성이옵기로
가을은 확인의 때이러니

내내 공들여 바라는 이
아가에게 물으라 확인하라
올가을 출산 안할터

금줄 달 왼새끼줄
붉은 고추 챙겨두니
흐뭇한 가을달이 벙글벙글 웃지 않냐

생(生)

입맛 따라
편식하듯

눈맛 따라
편파하고

욕심 따라
편향하며

모래알만큼 사랑하고
눈덩이 같은 미움덩이

나잇살 똥배
나잇값 허세

녹슨 놋주발에
정화수(井華水) 떠놓고

아는 게 병
모르는 게 약

영생(永生)을 바라며
부끄러운 줄 몰라
개도 안 주는
철면피
인생

김장을 기다려

성주단지 같이
마찌락한 통배추를 바란다

왕개미 눈만 한 청자색 배추씨에게
바람이 너무 큰 건 아닌지

서너 알씩 묻어 놓고
톡톡 잠 깨라고 두드린다

씨야 씨야
나 할 일 다했으니 네 할 일만 남았다

개미에게 물려 가지 말고
잠 깬 아침 단 이슬 먹고
해님 방긋 웃듯이 별님 사랑하듯이
곱게곱게 포동포동 당부하마

옆에 있는 쇠비름도 아니고
키 큰 해바라기도 아니고
아침마다 꼬꼬거리는 씨암탉처럼 되거라

한 겹 한 겹 벗겨내는
맘 설레는 신랑
곱디고운 네 속살을 감춰 가꿔 오려무나

어머나 그 집 김장 잘 됐네
안살림 잘 들였네
남들이 부러워할 새댁처럼 맞이하마

내 이쁨 주려니
네 이쁨 마련하련
해마다 씨 넣건만 올 애기 더 이뻐라

고추를 따다

고추란 놈이
빨갛게 독이 올라 치뻗쳤다
왜
고연놈
작아도 나잇값으로 제구실 하련단다
뚝 따 고추장에 푹 찍어 구실 맛검사
달착지근 얼얼 화끈화끈
뱃속이 싸르르
눈물 쏙 빼고 찬물 먹고 부채질

순진떼기 처녀
첫사랑 달아
얼얼 정신 못 차리어 화끈화끈 부끄럽다
사르르 배 앓아 눈물 쏙 빠지듯
고추란 놈 제구실 톡톡히 한다

원래 고추란 놈 성깔이 모질어
퍼랠 때부터 제 성질대로라
뻔히 알고 있으면서도 온갖 것에 주빈이라
대접은 공손하되 함부로 만질 것은 못 되어
때깔 맞춰 맛 맞춰 조심스럽다

배추밭 넓은 집 고추밭 앙팡지고
집 마당 가득 널어 고추 말림 잔치준비
묻지 않아도 다 아는 혼인 경사 치룰 집

모종 하나에 고추 백 개
고추 하나에 씨 백 개
천 개의 종자를 가림 없이 퍼뜨리면
고추 자식 온 세상 욕심도 과하구나
배추 나야 김장 담금 제 아니 모를손대
제 성깔대로 많이도 달았다

돌연사 - 이웃이 갑자기 죽었다

디젤기관 같던 심장이
딱 멈췄다
동력 없는 로봇이 누워있다
어마어마한 슈퍼컴퓨터의 대용량도
홍수에 쓸려내려 온 가전제품 모양
처리비용이 많이 드는 폐기물이다

견본으로 남기기도
표본으로 만들 수도
기념품으로 소장할 수도 없다

어두운 밤
등불 하나 앞만 비춰 산길을 가는 게 인생인데
키 닿는 단풍나무에서
거미줄 치고 기다리는 게 돌연사

천 년을 살려고
대리석 갈아 왕후장상(王侯將相) 침상을 마련하여
맘 편히 쉬려 할 때
어! 외마디에 번개 치듯 낚아채 간다

여보시오
나 말이오?
남 아니고 당신이오

늘 마지막이듯 순간을 감사하며 겸허히 하라
그 거미줄은 가늘어 안 보이되
걸리어 헤어난 이 아무도 없다

혼백이
깊은 심연에 가라앉으면
자맥질로 건지지 못하며
혹
연기처럼 허공으로 날아오른 후에는
다시 모아 담지 못하니

그릇을 항상 정결히 하여
돌연 돗바늘로 찔러 가자 선뜻 다가올 때
아니오 나 아니오 외면해도
나 대신 갈 이 없으니
길 떠날 요량을 늘 염두에 두어
길 떠나기 전 맑은 눈으로
갈 길을 살펴 두어라

까마귀 미워

그저 가만히 있어도 미운 게 있습니다
까마귀 같은 거죠
까맣다는 이유로 미워합니다
까악까악 그래서 싫어합니다
사실 까마귀가 까악까악 그러는 것은
까마귀이기 때문인데
까마귀이래서 미워합니다
까마귀는 사람에게 아무런 위해도 없지만
사람의 마음에 미워하는 마음이 있어
스스로 미움을 키웠습니다

산등성이를 떼 지어 날거나
멀리 떨어진 들판에 있어
미워하기만 했지 어쩌지 못해
더 미워하는지는 모르되
콩쥐 모양 가까이 있었으면
짓 쪼아 구박하여 죽이고
또 다른 미울 거리를 찾을는지 모릅니다
사람은 미워할 게 있어야 하기 때문입니다

미워도
멀리 있어 어쩌지 못하는 미움은
죄를 짓지 않으니까요
나는 다른 걸 미워하느니
차라리 까마귀만 미워할 수밖에 없습니다

바위가 되고 싶다

전생(全生)을 방랑기로 정처 없는 떠돌이
외진 산마루서 봇짐 베고 누워 쉬다
구름처럼 넋이 나간 산마루 모진 바위

우루룽 천둥을 가슴앓이로
침묵의 고행은 이끼 피우고
외로워 외로워 몸서리치게 외로워
옆에 끼고 키워낸 낙락장송(落落長松)이
꿈틀꿈틀 비틀고 염불(念佛)을 왼다

아 남풍의 유혹도 북풍의 매서운 질타(叱咤)도
전생(轉生)에 떠돌며 지은 죄 아직 못다 갚아
참회로 뭉쳐 굳어 감각이 망각되면
번쩍 번개 치어 쩍 갈라 해탈하고
선(仙)한 이 되어 저 구름 타고 날고 싶어

오는 이도 가는 이도 외면하고서
한 가지 염원으로 굳어만 간다

아 아
죽어서 나는 바위가 되어야겠다
불덩이 같은 마음을 가슴에 품고
천 년의 인고를 견디어 내는 바위이고 싶다
해탈하는 날
솜털같이 가벼이 되기 위해
무거운 침묵의 바위가 되고 싶다

망우산이 이른다

열하루 달이 망우산을 비친다
아가 아가야
오기 전부터 울었는지 붉으스레 충혈됐다

깊이를 알 수 없는 퀭한 눈의 소복(素服)이
붉은 달을 향하여 너울너울 춤을 춘다

달이 되신 아버지
아버지 어서 가시옵소서
이승에 인연을 아직 다하지 못해
제 비석 안아 울어 울어
서역으로 아버지 배웅하고
닭 울음에
피눈물은 새벽별이 되어 스러진다

밤은 죽은 이의 시간
죽은 이는 온기가 없어
달빛도 별빛도 차다
죽은 이를 위해 나무며 바람이며 들꽃도
밤새 동무해 같이 울어 울어
눈물로 이슬 달아 아침을 맞는다

아는가
죽은 이의 서러운 울음과
너울거리는 한의 춤사위가 해를 솟구치어
밝고 신선한 아침을 불러 날마다 새날이 옴을

골무* 달 아래 망우산은
죽은 이들의 염원을 안개로 서리어
죽은 이의 못다 한 한을
오늘 네가 삶으로 갚아야 할 것을
망우산이 이른다

*골무: 바느질할 때 검지손가락에 끼우는 투구 모양의 손가락 모자

성황당 괄시 마라

배미산 마루 대머리
별이 숭숭 양철 지붕
왼새끼에 줄줄이
알롱달롱 댕기가
주인 없어 외로워

젯밥 구경 석삼년에
당주인은 배가 고파
참지 못해 구걸 가다
댕댕치는 교회 종에
귀가 아파 틀어막고
팥죽할멈 합장 소원
들은 체도 아니한다

어둔 밤에 나서다가
찻 불에 눈이 멀어
시퍼렇던 안광(眼光) 죽고
더듬더듬 헤매이다
밤 가시에 엎어져서
데굴데굴 굴러굴러
까무라쳐 쭉 뻗었다

가물가물 정신 차려
무엇인가 쳐다보니
혼백 없는 장승이
배꼽까지 입 벌리어
눈물 나게 웃고 있다

아이고 아이고
비웃지나 말아야지
가만두나 두고 봐라
심술이나 부리련다
원인 모를 사고는
성황당 괄시 한기라

북어

금모래알 구르고 햇빛 여울 일렁이는 고향 떠나
구만 리 먼 물 헤어 돌아
죽음보다 더 차디찬 얼음바람 고행으로
북어 되어 누워

제 동무 그리운 눈
용궁은 끝내 찾지 못하고
대가리에 하얀 골편(骨片)으로만
검푸른 바다를 기억한다

썩을 수 없는 육신을 보시해야
업이 끝나는 운명
두드리고 찢기는 형벌이어야
아름다운 환생으로 되돌아간다

잠깐의 바다 나들이는
선잠 자듯 홀연히 가
노가리 때의 꿈과
명태의 방랑과
코다리의 고통과
북어의 기다림을 수도승의 고행으로
다음 윤회는 꽃이 되어지어라

얼음 녹아 따뜻한 봄날
아름다운 봄꽃이 되어지어라

나 또한 코다리의 고통으로 북어가 되어지기 위해
겸허히 수도하듯 참회하니
넘실대는 시퍼런 바다로 갈 용기를 위해
속 아리도록 참회하니
영롱한 사리(砂利)로 북어 눈이 되고 지고

북어의 용맹정진 가외(可畏)롭다

함박눈

눈이 옵니다
목화송이 같은 눈이 옵니다
나풀나풀 내리는 눈은
수천 만 마리의 나비입니다
나는
나비 속에 갇힌 장난꾸러기입니다

입을 호리병으로 만들어
하늘을 향해
호 호 불면
나비는 마술처럼 꽃가루가 됩니다

맘씨 좋은 나비는
뭉쳐도 밟아도
아기 된 나 하자는 대로 하면서도
제 버릇대로
온 세상을 다 덮어버립니다
애초부터 장난에 이기려고 한 것은 아니지만
남보다 예쁜 애인처럼
꼭 이기고야 마는 게 내리는 눈입니다

영(靈)

영

우주의 역사 150억 년을 1년으로 압축하면 지구는 9월 14일에 태어났고, 최초의 인간은 12월 31일 오후 10시 59분에 태어났다. 유럽의 르네상스는 12월 31일 오후 11시 59초쯤 시작됐다.

〈칼세이건 - 에덴의 용에서〉

의사는 나를 이집트 파라오의 미이라가 누워 있던 관 같은 곳에 밀어 넣었다. 정수리부터 수없이 많은 전자파로 통무우 채 썰 듯 난도질해 IT의 여러 회로를 거쳐 컴퓨터 영상으로 조합해 들여다보고 절대주의자처럼 선언한다.

흰 가운은 제 후배들을 모아 놓고 알아듣지 못할 이국의 말을 법률용어처럼 나열하며 설명을 한다. 둘러선 흰 가운들은 반론이나 질문이 용서되지 않으며 애매하거나 무표정한 얼굴로 이국의 용어로 페이퍼 홀더에 끼워진 칸 많은 흰 종이에 적어나간다.

번들거리는 이마에 권위로 무장한 가운이 다가와 간단명료하게 알아들을 수 없는 말 '시한부'를 자기만이 선고할 수 있는 최대의 권한으로 위엄 있게 선포하고 살찐 궁둥이를 실룩거리며 뒤따르는 그보다 젊은 가운을 대동하고 황제가 되어 나가버렸다.

남은 이들은 초라하다. 항변하거나 이의를 제기할 수 없다. 그것은 이미 예고된 운명이고 그 운명에 대항할 수 없음을 알면서도 본인의 욕심과 가족의 의리로 암담하고 차디찬 병실에 누워, 이미 예정돼 있어 짐작하고 있는 수순을 확인받고 어떻게 안 될까 하는 미련으로 자신과 주변을 암울하게 한다.

침상에서 일어나 앉아 간호사의 손끝을 수없이 보아온 나는 간호사보다도 더 능숙한 솜씨로 링거의 바늘을 제거하고 환자복을 천천히 벗는다. 환자복을 벗은 내 팔뚝에는 주사바늘 꽂았던 자리가 아픔처럼 남아있다.

병실에 앉아서 '시한부'의 기간을 멍하니 줄여가는 것보다 흙에서 자란 나는 흙과 가까이 가고 싶다. 파아란 하늘 아래 갓 갈아 놓은 밭고랑을 맨발로 딛고 서서 아카시아 향기가 물씬 풍기는 바람을 숨 쉬고, 노고지리의 지저귐을 들으며 살아있음의 기쁨을 즐기고 싶다.

나는 당장 달려가고 싶다. 희망 없는 암울한 분위기의 짓눌림과 한숨이거나 찬송가 소리에 진력이 나고 사무적으로 들락거리는 의사나 간호사의 방문도 이력이 났다. 아이의 까르르거리는 웃음도 없으며 새움이 트는 경이로움도 없이 답답하고 암울한 병실에서 남의 고통까지 함께 느껴야 하는 병실을 탈출한다.

내가 먹는 밥의 양보다 많은 알약을 쓰레기통에 확 쏟아 붓고 후들거리는 다리로 병실을 나와 큰 길에 나와 섰다. 집으로 가야 할 나는 차비가 없다. 나를 부축하여 태워다 줄 낯모르는 사람은 아무도 없다.

나는 목사래 끈을 놓고 간 주인을 기다리는 강아지처럼 불안한 마음으로 멍하니 전봇대처럼 서 있을 수밖에 없다. 길 건너편에 멸치 몇 마리와 깨간장을 분홍색 보자기에 싸들은 아내가 삿대질 하듯 다급하게 손짓한다.

아내는 강아지 목에 묶은 줄을 끌듯 나를 다시 병실에 묶어둔다. 나는 아내의 무릎을 베고 다독거리는 손끝에서 투정하다 잠이 든다.

나는 갠지스 강을 향해 달리는 자동차에 있다. 건기의 메마른 대지를 온통 몸을 비틀고 춤추는 자동차 뒤로 붉은 황토 먼지가 폭풍처럼 일어나 내가 지나온 길을 뒤덮어 가리고, 황량한 들판에는 영혼이 빠져나간 낙타의 주검에서 까마귀와 독수리가 만찬을 즐기고 있다. 풀만 먹고 산 한평생을 붉은 고기로 남겨 마지막 보시를 한 아름다운 죽음이지만 내 눈에 비친 낙타의 육신은 슬프고 더럽다.

콧수염을 기른 까만 피부의 운전수는 지평선으로 떨어지는 붉은 해를 향해 삼지창을 들고 내려 찌르듯 차를 몰고, 가까워지는 바라나시의 강가에 있는 사원에서는 하얀 연기가 솜사탕 모양 퍼지고 있다. 갠지스 강가의 바라나시는 산 사람의 도시가 아니라 죽은 사람의 도시이다. 도시의 살아있는 사람은 갠지스 강물에 몸을 씻어 기도하고 업으로부터의 사함을 증명하듯 이마에 붉은 점을 찍어 선택의 준비를 마침한 표시를 한다.

나는 어두운 밤, 소리 없이 흐르는 강물을 배를 타고 나아가 연꽃 같은 등불을 띄운다. 등불은 캄캄한 수면 위를 숭고한 생명같이 조용히 떠내려간다.

강가의 화장장에서 튀는 불꽃의 몸부림 같은 아픔의 고통과 미련을 버리고, 조용히 흘러가는 작은 등불의 아름다움처럼 나는 업으로부터의 한 과정을 거치기 위해 갠지스 강물에 손을 닦고 합장을 한다.

강물 건너 어두워 알 수 없는 저 끝에 손톱조각 같은 달이 걸려 있고 나는 달을 향해 내가 입은 쉐터의 풀어지는 실 끝을 잡아매려고 손을 뻗어 일어서는 순간 기우뚱하고 배가 기울어 허우적거린다.

기도하듯 웅얼거리며 허우적거리는 내 손을 아내가 잡고 있다. 아내의 눈에는 눈물이 서려 있고 같이 갈 수 없는 외로운 고통에 결심한 듯 옷가지를 챙겨 퇴원 절차를 밟기 위해 일어섰다. 남의 손에 의지해 순리를 거스름보다는 어차피 감내해야 할 고통과 갈 길이라면 그 선택은 내가 해야 옳다.

아이들이 있는 아파트에 들려 찬찬히 이것저것 둘러보고 아이들의 부담될 것들을 정리한다. 밤새워 콜록거리며 지새운 아침에 사진첩을 꺼내 단독으로 찍은 증명사진을 골라 확대를 부탁하고 평소 쓰던 이불보따리와 공책을 트렁크에 싣고 내가 태어났던 아버지가 지은 시골의 빈 집을 향해 출발한다.

한평생 수없이 다녀 눈을 감고도 훤한 길이지만 다시 오지 못할 마지막 길의 옛 모습을 회상한다. 한강의 모래섬에는 이따금 수송기에서 큰 나팔꽃 같은 낙하산이 착륙했고 팔당댐의 꼬부라진 길에는 키 큰 미루나무가 서 있었고 강가에는 수양버들이 바람에 춤추었었다. 양평의 봉성리에는 산수유 꽃이 노랗게 밭뚝에 피었었고 푸드득 날아오르는 꿩의 울음소리가 들렸었다.

시골집에 가까이 갈수록 나는 더 먼먼 옛날 어린 시절로 되돌아간다. 우리 집 울타리 밑에서 놀던 병아리며 내가 개집에서 끌어안고 자던 강아지며 초가지붕에 매달려 햇빛에 빛나던 고드름이며 아침마다 떼거지로 모여들어 짹짹거리다 포르르 날아가는 참새 떼며 이루 헤아릴 수 없을 만큼 그리움이 절절한 내 어릴 적 모습이 눈에 선하다.

병든 나는 이제 귀소본능처럼 원래의 자리로 되돌아가는 것이다. 그러나 슬프게도 그 원래의 자리에는 노란 병아리도 고드름도 참새도 없다.

낡은 집에는 정이 없어 퇴락해 버렸고 보리이삭이 춤추던 밭에는 인삼밭을 덮은 꺼먼 비닐 그늘막이 가려 파랗게 탁 트인 시야보다는 한낮에도 깊은 밤처럼 볼거리가 없고 답답하다.

집에 도착한 아내는 문을 바른다. 찌글텅한 문짝이 하얗게 살아나고 아궁이에 지핀 불로 매캐한 연기가 집 주변을 감싼다. 참으로 오랜만에 맡아 보는 연기냄새다. 굴뚝으로 연기가 풍풍 솟아오름을 어린애처럼 바라보며 잊고 있던 군밤의 구수함을 느낀다.

너풀거리는 방안의 벽지를 뜯어내고 그동안 내가 틈틈이 습자하듯 화선지에 붓펜으로 썼던 시를 펼쳐들었다. 종이의 질이 좋지 않아 이리저리 겹치며 미끌거리는 종이를 붙이다 말고 아내는 눈을 흘기듯 '당신은 아직 떠날 자격이 없다'고 단호하게 말한다.

어리둥절하게 올려다보는 나에게 내가 쓴 시를 흔들어 보인다.

〈아침 맞이〉

육십을 산다
허면 삼백 예순 닷새의 예순 번
이만 천 구백 번의 아침을 맞는다

어제 죽은 이는 오늘 아침 맞기를 간절히 바랐거늘
오늘 아침 맞은 이는 감사하는가

창문을 연다
쨍하고 깨질 것 같은 하늘
코끝 시린 공기
포로롱 날아가는 작은 새
이슬 맺힌 풀잎

문을 나서면 첫 번째 눈 마침이 무엇일까
기쁜 마음으로 대면해야지

아침을 웃기부터 시작해야
황혼에 산 해넘이 전
이만 천 구백 번을 채워 웃어 살아
마지막 날
아버지
세상은 아름다웠다고
참 잘 다녀왔다고 말할 수 있지

아
아버지 내신 밀린 숙제
웃기
웃기
바쁘게 웃기

나는 얼마나 웃으며 살았는가. 아침마다 눈을 뜬다. 눈을 뜬 아침은 새 삶의 시작이며 살아있다는 증거이다. 살아있다는 기쁨을 얼마나 즐기고 감사했는가. 나는 기뻐 웃음보다는 탓하고 미워하고 찡그린 날이 더 많았다.

어려서 엄마 품에 안겨 웃었던 기억이 남아있지 않더라도 철들어 이제까지 살면서 나이 들수록 점점 더 웃음을 잃고 굳은 표정으로 살지 않았는가.

늘 새 아침을 맞아도 어제의 그 해가 뜨고 어제의 그 바람이 불고 어제의 사람을 다시 만나고, 늘 지나간 날에 집착하여 새로움의 발견에 대한 기쁨 없이 자고 눈 뜨고 만나기만 했지, 삶의 즐거움을 웃고 감사할 줄 몰랐다.

이제 찢어지는 고통으로 새 아침을 맞을 기회를 조건부로 남겨두고 손가락 꼽아 하나 둘 세어가며, 아버지께서 내준 기한의 마감을 헤아려 밀린 숙제를 아픔만큼 바쁘게 웃어야 함을 깨닫는다.

두 팔로 감싸듯 떠오르는 찬연한 해를 기뻐 웃어야 하고, 나와는 아무 상관도 없던 날벌레를 경이롭게 바라봐야 하고, 마당가 잡초에서 피는 볼품없는 작은 꽃에게도 웃으며 찬사를 해야 할 만큼 바쁘다.

아픔은 원망이거나 한탄을 낳는다. 그것은 웃을 수 없도록 하고 기쁨을 단절시킨다. 기뻐 웃을 수 있도록 하기 위해 머릿속에 내재되어 있던 즐거움을 찾아내 글로 쓰거나 그림으로 그리거나 말을 열심히 해야 한다. 불어오는 바람에게 말하고, 손등에 기어오르는 개미에게 말하고, 행방을 알 수 없는 소꿉친구에게 말하고, 내 몸과 마음이 가벼이 되기 위해 해야 할 말을 다 쏟아 놓아야 한다.

나는 내 아버지 곁으로 가벼이 날아오를 때 경이로운 세상의 이야기를 세세히 이야기해야 한다. 소풍 갔다 온 아이처럼 즐거워야 한다. 아버지 무릎에 앉히어 아버지 물음에 답할 때 기뻐 감사히 자신 있게 이 세상 보내주셨던 것을 찬양해야 한다.

아버지 부름에 겁나고 아버지 무릎에서 주저하여 밀린 숙제 못다 한 초라한 아들로 아버지의 슬픔이 되어서는 안 된다.

그렇다. 나는 매일 아침 맞기를 간절히 바라야 한다. 숙제의 마감이 임박하여 찡그리고 아파해야 할 시간이 없다.

아내를 본다. 힘 있게 가슴속 저 아래에서부터 힘차게 온몸을 흔들며 웃고 싶었으나 힘없는 몸은 푸스스 웃을 수밖에 없다.

'미안해요. 그러나 마음속으로 크게 웃고 있다오….'

나는 죄 지은 양 내 손등을 코앞에 대고 입김을 불어본다. 손등으로 입김이 스치어 아내가 들고 있는 화선지가 금붕어 지느러미처럼 하늘거린다.

깜깜한 밤은 눈을 뜨고 있어도 보이는 것이 없다. 보이는 것이 없다는 것은 생각을 안으로만 오그라들게 한다. 오그라든 생각은 되씹고 씹혀 즐거움보다는 회한을 낳는다. 그 회한은 나를 슬프게 한다. 슬픔은 아픔을 더한다. 아픔은 내 몸 어느 구석을 파괴한다.

시바(Shiva) 신은 창조를 위해 파괴를 한다. 그 파괴는 영을 거두기 위해 죽음으로 몰아친다. 밤은 죽음이다. 모든 것은 낮 동안 창조되고 밤 동안 유지되지만 시간이 흘러 유지의 기간이 경과되면 파괴된다. 마치 바닷물같이 수평선에 빛나는 파도는 햇빛에 달아올라 수증기가 되어 구름이 되지만 일정기간 유지된 구름은 빗방울이 되어 다시 물로 순환하듯 바위건 나무이건 바람까지도 순환을 한다.

그 순환의 고리는 윤회(Samsar)로 브라마(Brahma)가 창조한 영은 수레바퀴처럼 돌고 돈다. 어두운 밤 보이지 않는 천정을 멀뚱히 눈을 뜨고 응시하며 전생의 업을 생각해 본다.

나는 전생에 이른 봄 양지쪽을 그리워하는 흰나비였을 거라고 생각해 본다. 급한 성질에 실수가 잦듯 추운 날씨에도 성급히 우화(羽化)하여 파르르 떨다 단 꿀물 한 번 제대로 빨아보지도 못하고 생을 마감하여 버리고, 봄볕에 핀 갖가지 꽃 잔치를 원망하며 짧은 생애 주기를 한탄함같이 타임머신으로 돌이킬 수 없는 지나간 세월을 후회한다.

전생의 업은 선악으로 구분하듯이 음양으로 대립되고, 선의 기준에 의해 악이 판가름 나고, 음이 있으므로 해서 양이 존재하듯이, 선으로만 된 집합체이거나 악으로만의 집합체일 수는 없다. 그러나 그 집합체 성분에 선의 성분이 많고 적음을 따져 볼 수는 있다. 집합체의 구성요소인 선악의 질량에 따라 업은 유전자의 DAN처럼 재조립되어 입력된 대로 윤회의 사이클을 배정받는다.

다시 인간으로 태어난다면 나는 가장 효성스러운 효자가 될 것이고, 가장 아내를 사랑하는 남편이 될 것이고, 게으름 없이 가장 부지런하며 이웃을 아끼는 사람으로 살고 싶은데….

내가 쌓은 업에 대해 손익계산을 해본다. 지금까지 선이라고 규정되는 것에 비겁하게 타협하거나 이기심으로 협박하지 않았는지, 그것을 나와 가장 가까운 이들로부터 하나하나 수판알 튕겨보듯 계산해 나간다. 나는 결국 점수 중간의 분기점보다 훨씬 못한 자기반성밖에 남지 않는다. 두렵다. 매미처럼 껍질을 벗어 정수리를 빠져나간 영은 내가 쌓은 업보에 의해 재조립 된 DAN에 의해 선택될 윤회의 사이클을, 인간으로 선택되어 살아오는 동안 정화해야 했을 업보를 미처 깨닫지 못하고 오히려 악의 업보만 더 가중하였으니 후회막급하다.

나는 게을러서 학문이 짧았고, 사랑이 부족해서 욕심이 많았으며, 이기심으로 편안하기만을 고집하였다. 밤을 지새운다.

깜깜한 어둠은 찬연한 햇빛으로 파괴되고 또다시 새 날이 창조되었다. 새 날은 브라마가 입력한 프로그램에 의해 한 치의 오차도 없이 순환한다. 온화한 비시뉴(Vishnu)가 있는 한낮 동안 환하고 평화로움은 유지된다.

아내는 배나무 밑에서 씀바귀를 캔다. 씀바귀의 하얗고 끈적끈적한 진으로 병 부위를 도포할 작정이다. 입에 쓴 것은 약이 되듯이 아픔을 포장하여 단절시키려고 한다. 허긴 이 세상에 약 아닌 것이 있겠는가. 밥은 배고픔에 약이요, 바람은 숨 가쁜 데 약이다.

시바신의 거둠은 틀림이 없지만 영의 거둠을 눈속임 하려 한다. 창조의 신 브라마와 보존의 신 비시뉴와 파괴의 신 시바는 하나로, 신의 뜻에 한 치의 오차가 있을 수 없다. 히말라야의 요기는 요가의 수행으로 육체적 고통을 감내하여 궁극적으로 대자연의 우주로 합일화 하는 영적 여행을 한다.

요기는 육체적 고통으로부터 벗어나 신아일치경(神我一致境)의 경지로 내가 파괴되는 고통을 이미 체득하여 초월한 이들이다. 무릇 조용히 파괴되는 것은 없다. 구름은 천둥소리를 내며 파괴되고, 목청이 없는 물고기일지라도 죽음에서는 지느러미를 파르르 떨어 진동파를 일으킨다. 하물며 만물의 영장이라고 자만하는 인간이기로서니 몸짓으로, 눈짓으로, 말로, 글로, 자기가 쓰고 있는 틀이 파괴됨에 있어 영이 떠나기 전까지 조용할 리가 없다.

나는 씀바귀를 조용히 씹는다. 씀바귀는 아주 쓰다. 오죽하면 이름부터 씀바귀인가. 쓰다고 하는 맛은 혀의 감각이지만 아내의 기원과 사랑은 결코 쓴맛이 아니다. 그것은 시바신이 잠시 감상해야 할 당의정으로 포장한 사랑으로, 한참을 씹어 입안 가득한 침으로 분해하면 단맛이 난다. 나는 쓴 씀바귀를 먹는 것이 아니라 씀바귀 진 같은 순백의 순수한 사랑을 먹고 있는 것이다.

〈바람이어야 한다〉

바람이고 싶어라
갈기 휘날리며 산등성이로 치달아
힘찬 콧김 내뿜는 숫말

먼지 자욱한 달려온 자리를 돌아볼 겨를 없이
회초리 울음 우는 참나무 가지를 움켜잡고
가슴 불쑥 내밀어 바라보이는 엄숙한 곳

멀리 명주실 물 끝
에메랄드 호수를 지나 까마득히 솟아 있는 설산
용오름 기세로
꿈틀거려
먹구렁이 우는 어둑한 덩어리를 뱉어내고
차고 하얗게 빛나는 순수를 향해

바람아 바람이어라
나는 바람이고 싶어라

쇳물 같은 태양을 이고
한 방울 눈물도 없는
오직 흰 빛으로만 빛나는 만년설
바위도
꽃도 놓아두고
차디차 감각이 상실된 만년설로
미련 없는 바람이 되어
수말 달리듯 가야 한다

설산에 비친
별빛만 가슴에 품어
더함도 덜함도 없는 영원
영원으로 가야 한다

생의 마침이 가까워지는 나는 바람이고 싶다. 죽음에는 개복숭아꽃의 분홍색 설레임이 없다. 연정 같은 아련한 그리움이거나 한 잔의 막걸리에 쌉싸스름한 흥분 같은 죽음은 없다. 죽음은 고통이고 슬픔이다. 죽음으로 해서 헤어짐은 미련이나 원망이 있을 수 없다. 죽음은 모든 것으로부터 탈출이며 해방이다.

나는 죽음을 말 달리는 바람처럼 맞이하고 싶다. 그 바람은 머뭇거리며 정지하거나 뒤돌아보지 않고 치달아 얼어붙어 감각이 없는 히말라야의 설산에 이르고 싶다. 그곳에는 나풀거리는 나비의 유혹이거나 종달새의 지저귐이거나 젖먹이 아기의 까르르 웃는 웃음이 없다.

죽음이란 차디찬 것이며 쓸쓸한 것이다. 죽음이란 히말라야의 설산과 같은 것이다. 슬픔도 비참함도 없이 순백의 얼음이거나 꺼먼 바윗돌인 것이다. 그것은 내 의지와는 관계없이 놓여있는 대로 감각 없이 그곳에 있다. 그곳에 이르기 위해서는 바람이어야 할 수밖에 없다. 봄바람처럼 하느작거리거나 폭풍처럼 변덕스러워서는 미련이 많아 원혼으로만 남는다. 원혼은 원망으로 남아 잡귀가 된다.

나는 잡귀가 되기 싫다. 잡귀는 더 많은 업보를 낳아 벗어날 수 없는 윤회의 수레바퀴에서 보상을 해야 한다. 대개의 원혼은 전생에 해결하지 못한 원망 같은 미련이 많아 바람이 되지 못해 습기 찬 운무(雲霧)같이 음울하게 떠나지 못하는 데 있다.

나는 바람이어야 한다. 수말의 콧김처럼 내달아 빛나는 만년설을 감싸야 한다.

〈사(死)〉

사랑 받고
시기하고

사랑하고
미워하다

원래
없던 것이 왔으니
본래
있었던 곳으로 가기 위해

이제껏
욕심으로 가지고 있던
사랑도
미움도
똥 누듯 놓아두고

너울너울
흰나비 되어
혼백이 나갈 때

두려움보다는
기쁨이 되게 하소서

원래 나는 있었던 것인가 없었던 것인가. 윤회의 수레바퀴처럼 있었던 것이라면 어디서 머물다가 왔는가. 형체도 사고도 없는 영은 투명하여 허공에 무한히 떠돌다가 음이온의 난자와 양이온의 정자가 도킹에 의해 번쩍 빛나는 스파크 같은 감지로 영이 흡입되어 전생의 업으로 입력된 프로그램대로 생성되어 태어난다.

그것은 한갓 벌레이거나 소이거나 사람이거나 간에 업에 의한 보상으로 윤회한다. 그 끝없는 윤회는 어미의 자궁을 열어야 하는 고통과, 되돌아가기 위해 호흡이 멎는 고통을 수반한다.

영은 고통을 잊는다. 내가 어머니의 자궁을 벗어나 추위와 찬 공기를 들여 마셔 처음으로 펼쳐지는 폐포의 아픔으로 자지러지게 울었던 기억을 하지 못하듯이, 숨이 멎기 위해 들숨보다 날숨이 많아져 쪼그라드는 폐포의 부딪침으로 오는 쓰린 고통을 영은 잊어버린다. 태어남의 고통과 죽음의 고통을 기억한다면 업의 순환고리를 이어가기에 얼마나 괴로운 일이겠는가.

남(生)과 죽음의 사이는 삶이다. 삶은 아름다워야 한다. 그 아름다움이란 성형수술 같은 눈속임이 아니라 내면적인 사랑이 가득해야 한다. 그 사랑은 형체가 없다. 미움 또한 형체가 없다. 그것은 마음속에 자리 잡고 형편에 따라서는 편리하게 감정의 변화에 따라 이온이 결합하듯 변덕을 부린다. 그것은 전생에 사랑의 양이온을 많이 저축하였는지 또는 미움의 음이온을 더 갖고 온 영인지에 따라 그 성향을 달리한다.

유복하게 자라 남부럽지 않은 집 자녀가 패륜아가 된다든지 넉넉히 베풀지 못한 부모 밑에서도 효자가 나오는 것은 전생의 업에 의해 프로그램된 업보이다. 그것은 부모의 전생이건 자식의 전생이건 간에 업보에 의한 충돌이다.

그러나 음과 양, 선과 악은 상대적인 것이어서 음만으로 또는 선만으로 영은 존재할 수 없다. 다만 음양이거나 선악이거나 간에 뒤섞여 존재하는 프로그램 중 양이거나 선을 더 많이 선택되도록 자기최면이나 암시를 하듯 훈련의 과정에 의해 다음의 윤회에 대비하는 자각이 필요하다. 나는 그것을 깨닫기에 너무 늦어졌다.

거울을 본다. 내 얼굴에는 내가 쌓은 업보에 의해 오만상이 험상궂은 야차가 되어 있다. 사랑하는 아내도 함께 갈 수 없으며 아귀다툼으로 한껏 욕심 끝에 마련된 집도 땅도, 내가 누어 놓은 똥처럼 하잘 것 없다는 것을 이제 깨닫는다.

나는 사랑 받기를 원했다. 그 사랑이 물처럼 다른 곳으로 조금만이라도 누수되는 것을 시기하였다. 사랑은 나누는 것이지만 독점하기로만 욕심을 내어 시기하며 속앓이를 하지 않았는가.

나는 사랑하고 싶었다. 내가 사랑하는 만큼 상대가 받아주지 못할 때는 나는 그 사랑을 미움의 독으로 만들어 상처를 주었다.

나는 사랑 받을 줄도 모르고 사랑할 줄도 몰랐다. 그 사랑은 상대가 인간뿐만이 아니라 별이며 물이며 바람까지도, 눈으로 보이는 것 귀로 들리는 것들에 대해 너무 소홀히 했다.

나는 오로지 내 편의대로 내 편이다 아니다로만 구분하여 그 자체만으로도 존재가치가 있는 아름다움을 발견하고 경이해 맞이해야 할 심미안과 여유를 갖지 못한 채 삶을 마감할 수밖에 없는 어리석음으로 다시 보장할 수 없는 기회를 잃어버렸다. 나에게 주어진 모든 기회를 나는 채 알지 못하고 소진하여, 사랑하며 아름답다고 말할 수 있는 입과 눈과 귀를 닫고 투명한 혼백으로만 질량 없는 무중력으로 유영될 것이다.

〈자술 축문을 쓰다〉

해 저무는 가을 날
옷깃 여미는 바람에 단풍 날리고
까마귀 우는 산마루 억새꽃 나부끼어
한 시절 마감을 부산히 준비하는 때

하얀 사기잔에 맹물 떠 놓고
속 빈 머리 기웃기웃 셈하여
한세상 털어낸다.

아하
빛 밝은 날 찾지 아니하고
어두운 날 불 밝히지 아니하고
이제 마감의 날 어둑하여
빈 자루 거꾸로 들고 풀풀 털어
무얼 담아 뒀나 찾기 부끄러워
지나가는 바람에 물어 스러진다

한평생 맡기었음에
정성껏 보살펴 원래의 주인에게
흠집 없이 되줌이 도리언만
내 맡아 게을러 받는 대로 간수커녕
빈 쪽박만 되돌리니 준 이 얼마나 섭하실까

회한의 고드름이 흘린 눈물
찬 돌 틈새 인고하여
한 송이 이름 없는 꽃으로
한 생명 다시 주소서

아무도 대신할 수 없는 벌이라면
혹독하게 주소서
받은 벌만큼 단련하여
가을 찬바람 부는 언덕에 향기로 나게

삼가 엎드려 두 손 비벼 탄 내음
향 올리나이다

전(奠)
헌(獻)
상향(尙饗)

죽음은 가을처럼 쓸쓸하다.

한여름의 젊음 끝에는 쓸쓸한 노년이 오고 휴식 같은 죽음의 겨울이 온다.

여름도 다 지나가고 늦가을 같은 내 인생에서 어미의 자궁을 빌려 생명을 준 이에게 내 영을 반환해야 한다.

나는 반환할 준비를 한다. 이제까지 영을 담아 운행하던 주름지고 늘어진 육신을 닦는다. 정결한 한줌의 흙으로 되돌리기 위해 겨우내 소금물에 담가뒀던 짜디짠 짠지 무우를 언 눈 녹은 봄물에 울궈 내듯 내 몸을 오랫동안 깨끗한 물에 담궈 씻고 또

씻는다. 한평생 정갈하지 못한 먹거리와 도시의 오염된 공기로 꺼멓게 착색된 오장육부를 사죄하는 마음으로, 오랫동안 입어 낡아 해어진 옷 기우듯 찬찬히 훑어본다.

정성스레 첫물의 하얀 무명옷을 입는다. 옷은 단추나 지퍼가 없는 아버지가 젊었을 적 입었을 바지와 저고리를 입는다. 해오름의 동쪽에 소반을 놓고 그 위에 하얀 사발에 정화수를 받쳐 올려 세 번 절한다.

옛날 득도한 선승은 이승을 하직할 때 계도송을 읊고 갔다지만 깨우침이 없는 미욱한 나는 자술 축문을 쓴다.

찬물을 한 모금 마시고 문을 열어 하늘을 보고 땅을 보고 바람에 실리는 온갖 냄새와 온갖 소리에 집중한다. 그것은 나의 마지막 집중으로 더 없이 아름답고 아쉬웁고 소중한 것이다.

나의 눈이 닫히고 귀가 닫히고 입이 닫힌 후 오로지 내안에 끈질기게 남아있는 갈등과 미련을 추녀에 달린 언 고드름 뚝 떨구듯 온몸으로 용을 써 경직한다. 그 경직은 세포 하나하나에 이루 형용할 수 없는 고통을 수반한다. 극심한 고통에서 평온함이 올 때 정수리의 아기 적 숫구멍으로 나의 영은 날아오른다. 영은 영을 느낀다. 영은 무색투명하고 형체도 무게도 없으나 전극 같은 접촉으로 빛을 발해 서로를 안다.

고매한 영은 영롱하다. 고매한 영은 전생에 베풂과 칭송으로 맑고 투명해져 모든 빛을 여과 없이 반사해 무지개같이 아름답지만 시기와 질투로 인해 혼탁해진 영은 저등하여 지표면에서 가벼이 떠오르지 못하고 이온의 충돌 시 칙칙하고 어둡다.

나는 나의 영이 반사됨을 알지 못한다. 끝없이 윤회하는 순환의 고리에서 내 영의 정화를 위해 하늘 높이 솟아오르는 바람에 실려 순백의 알프스 산 만년설에 다다르기를 희망한다. 그것은 내가 지은 업보에 의해 결정될 일이지만 내가 남긴 껍질이 삭아 흙으로 되돌아간 후면 내 영도 전생을 기억하지 못하고 다른 그 무엇의 순환 고리에 잉태되어 있을 것이다.

나는 영겁의 극히 짧은 찰나를 숨 쉬었다. 合掌

바람

바람

산소는 산 칠 부 높이쯤 있고, 바람이 쉴 새 없이 지나다녀 푸스스한 각진 돌이 섞인 산 흙을 모아 쌓은 봉분 흙은 쉬임 없이 흘러 내려 마치 늙은 소가 사초만 먹고 철퍼덕 싸 놓은 쇠똥같이 넙데데하니 볼썽사납게 퍼져있다.

일 년에 한두 차례의 방문만으로 인적 없는 무덤가에는 저 혼자 알아서 피는 진달래가 벌써 져 발그스레한 꽃잎이 흘러내린 치마같이 꽃술에 걸려 있고, 드문드문 심심치 않게 꼭 움켜 쥔 아기 손 같은 고사리가 순을 내밀고 있다.

사과 한 알을 꺼내 놓은 아내는 아픈 소리가 뚝 하고 날만치 입술을 쫑긋거리며 고사리를 야무지게 꺾는다. 고사리 꺾는 데 열중하여 내가 아까부터 바라보는 눈길을 아내는 눈치 채지 못하고 있다. 나이 들어 하얗게 희는 것을 감추기 위해 염색했던 머리카락의 밑뿌리가 치밀어 올라와 고사리를 향해 숙인 머리에 하얗게 들여다보인다.

한 올도 남김없이 하얗게 시었던 할머니의 작은 몸이 흰 나비가 되어 나풀나풀 저 아래 내려다보이는 아버지가 사시던 뚝 떨어진 외딴집을 향하여 날아간다.

봄 모내기철이라 파릇파릇 잎이 핀 버드나무 개울가를 따라 겨우내 삼태기로 돌을 주워낸 다락 논을 가느라 오래된 옛날이야기를 한없이 되풀이 하듯, 언제 끝날지 모르는 소 모는 소리를 양지 녘 툇마루 끝에 앉아 듣다 보면 따뜻한 아지랑이에 취해 엎드려 곧잘 잠이 들곤 했다.

없는 집에 어머니가 딸만 내리 낳아 일꾼이 없던 우리 집에 아버지 나이 사십 중반이 넘어서 낳은 귀한 고추가 좁다란 툇마루 끝에 잠든 걸 보면, 아홉 식구에 한 입이라도 보탤 양으로 꼭두새벽 인절미를 빚어 함지에 이고 장판을 돌며 떡을 팔았다. 정작 떡을 이고 다니면서도 당신은 한 입 먹지 못해 허기져 꼬부라진 허리를 펴지도 못하고 허둥지는 걸음으로 부리나케 달려와 한 번만 뒤척이면 봉당으로 뚝 떨어질 손자를 들쳐 안으며,

"혜숙이는 어디 가고, 너 혼자 잠들었니?"

하고 아랫집 동갑내기 계집애 혜숙이를 탓했다. 사실 할머니는 떨어진다는 것에 대한 어떤 두려운 강박관념이 있었다.

달랑 집 한 채 남겨놓고 말 장사 한다고 만주로 떠나가신 할아버지는 소식이 없고, 파밭뙈기 하나 없이 남의 땅을 얻어 부쳐야 하는 가난한 집이었다. 아들 장가 들일 일이 까마득한 집에서 겨우 맞아들인 며느리가 첫 출산을 실패하고 딸만 주루룩 낳다 늦둥이를 가진 배가 불러오자 이번에는 손자겠지 하는 기대에 틀림없으라고 신 새벽별이 들어가기 전 장독대에 새 물 길러 정화수 떠놓고 빌기를 수없이 했다.

산달이 가까운 모내기철 논에 물을 가두어 두기 위해 가래질하여 논물 새지 말라고 부뚜막 싸바르듯 찰진 흙으로 매질해 미

끌거리는 논둑으로 아버지의 새참을 가져가느라 잔뜩 부른 배를 한 손으로 받쳐 안고 거위걸음으로 걷던 임산부가 물 새는 고무신을 쫄꺽거리다 미끄러져 한참 높은 논둑에서 공중제비로 떨어져 난리가 났다.

병원에 갈 형편이 못 되는 집안에서 남산 같은 배를 두 팔로 감싸 안고 썰썰 매는 며느리를 보고 고작 할 수 있는 일은 마을에서 점도 치고 산파도 하는 곱슬머리 할머니에게 별 신통한 처방이 있는지를 허둥지며 물어보러 가는 일밖에 없었다.

사실 그 처방은 응급처치에 곧잘 듣기도 했고 웃방 구석이나 밭둑에서 쉽게 구할 수 있는 것이기도 했다.

보리 베다 뭉턱 손가락을 새파란 낫에 썩둑 베어 살점이 뚝 떨어져 나가면 방구석에 늘 놓여있는 등잔에서 석유를 따라 피를 씻어내고 이불솜을 뜯어다 싸매 놓으면 신통하게 지혈이 되고 새살이 금방 돋는다던지, 아이들이 개 짖는 소리로 컹컹 기침을 하면 박 속에 검정콩, 대추, 밤, 녹두 등 다섯 가지 색깔을 맞춰 인동덩굴을 실타래 뭉치듯 감아 푹 삶아 먹이면 낫는다던지 하는 처방으로 단방비법을 알려주곤 했었다.

곱슬머리할머니의 비법 중 가장 신비의 효험으로 기발한 처방을 받아온 할머니는 집에서 빤히 내다보이는 연못으로 얼개미체를 들고 달려가 이제 막 뒷다리가 나오기 시작하는 올챙이를 떠다가 흰 사발에 넘기기 좋게 물과 함께 담아 산채로 목구멍에 넘기는 일이다. 경황 중에 달리 방도가 없는 어머니는 눈 질끈 감고 올챙이 한 사발을 숨도 쉬지 않고 마셔버렸고 배를 싸안고 모로 누워 끙끙거리다 잠이 들었다.

참으로 오랜만의 휴식으로 벌건 낮에 잠이 들어 이튿날 공작산에 벌건 해가 뜰 때까지 긴 잠에 들었다가 조반상이 들어왔을 때 부스스 일어나 꿈 얘기를 하였다. 꿈에 부실 부실한 송아지가 마구간에 서 있더란다. 아버지는 어제 갈던 논을 마저 갈러 나갔고 할머니는 곱슬머리할머니의 단방에 감사도 할 겸 내처 그 송아지가 그토록 기다리던 고추인지 아니면 또 쭉정인지 물어볼 참으로 밥숟가락 놓기 바쁘게 나가셨다.

곱슬머리할머니 집은 홀로 살아서 마을 할머니들의 나들이 공회당같이 눈 침침한 노인들이 둘러 앉아 민화토를 치거나 뉘 집 강아지가 병아리를 물어 갔다는 둥 온갖 소문의 진원지이며 마을 방송국 같은 곳이었다. 금새 신통방통한 처방은 소문이 났고 그 효험 또한 궁금하여 벌써부터 귀 나팔을 하고 여럿이 기다리는 판에 좋은 낯빛으로 할머니가 들어서자 이미 짐작했던 것처럼 전설의 고향 같은 약방문이 한참 회자된 후 본론의 송아지 꿈 해몽이 시작되었다.

송아지가 한 마리였는지 마구간 지붕에 호박이나 박이 있었는지 세세한 것을 이러쿵저러쿵 따져 물었지만 꿈을 꾼 당사자는 할머니가 아니고 어머니였으므로 그냥 송아지 꿈만 가지고도 제만큼 이론이 분분하다가 곱슬머리할머니가 판결 내리듯 '아들이야!' 한 것으로 결판났다. 판결문 낭독하듯, 옛날부터 울근불근 기운깨나 쓰는 사내를 황소 같은 놈이라 하고 혼기 찬 계집을 말 망아지 같은 년이라고 하니, 꿈에 집으로 들어온 송아지는 장차 남자라고는 유일한 아버지뿐인 집안에 조상이 그 집안을 크게 일굴 아들을 점지한 것으로 끝났다.

편리한 대로 둘러 꿰어 맞추기를 제갈공명 동남풍 빌듯 잘도 들어맞기로, 낙상한 임산부에게 뒷다리만 돋고 앞다리가 아직 생기지 않은 올챙이를 뱃속으로 산 채 흘려 넣은 것은, 뱃속의 아기가 앞다리 없는 올챙이를 보고 어미의 자궁 밖으로 나올 때가 아직 안 되었다는 전령으로 통지한 것이란다.

어머니는 그로부터 달포 후 콩잎이 너풀너풀 산들바람에 춤추고 한낮의 뻐꾸기 울음도 지쳐 게으른 낮에 할머니가 그렇게 학수고대하던 고추를 낳았다.

가난해 먹성 입성이 변변치 못해 늘 안쓰러웠는데 긴긴 해에 좁은 툇마루 끝에 엎어져 자는 녀석이 잠결에 뒤척이다 봉당으로 굴러 떨어진다면, 곱슬머리할머니 말대로 딸만 있는 집안에 집안을 일으킬 송아지가 행여 초작에 아둔해지면 큰일이었다. 흔히 아이들이 그렇듯 체구에 비해 머리가 무거워 잘 넘어지는 것처럼 아이들이 낙상을 하면 열에 아홉은 머리부터 쿵 하고 댓돌에 찧기 마련이다.

어머니가 논둑에서 낙상하여 간이 콩알만 해졌듯 아이가 툇마루에서 낙상할까봐 늘 노심초사하여 높고 좁은 툇마루를 불만으로 안전한 방에만 가둬 놀게 하거나 동갑내기 혜숙이가 놀러오면 문밖에 나가도 사립울타리 사이로 행동거지를 잘 볼 수 있는 감시권 내에서만 놀게 하였다.

혜숙이는 우리 집과 제일 가까운 거리에 있는 작은 집의 사랑방에 세 들어 사는 전봇대만큼 키가 크고 내 눈에 띄는 유일한 양복쟁이 선생님의 딸로 혜숙이 아버지는 고모나 누나들이 만날 때마다 걸음을 멈추고 인사해야 하는 번거롭고 높은 사람이었다. 혜숙이네 집에서 놀다가도 혜숙이 아버지가 문간에 들어서면 아무리 재미있는 놀이라도 중지하고 군말 없이 돌아와야만 하는 나에게는 달갑지 않은 사람이었다.

층층이 여자들만 있는 집안에서 놀이란 기껏해야 울타리 밑 양지바른 곳에서 뜨개질 하는 것을 구경하거나 아니면 혜숙이랑 둘이서 노란 꽃다지 꽃으로 조밥을 짓고 하얀 진이 나오는 씀바귀로 짠지를 만들어 깨진 사금파리에 담아 소꿉장난을 하는 게 고작이었다.

아이들의 소꿉놀이란 어른들 모습의 답습으로 여자들은 빨래를 하거나 밥을 짓는 일이고, 남자들은 지게를 지고 일을 나가거나 장에 다녀오는 일이다. 대개의 농촌 아낙은 흰 수건을 머리에 썼으며 그 용도는 아주 다양해 뜨거운 해를 가리기도 하지만 앉을 때는 방석으로 깔고 앉고 코흘리개 아이들의 콧 수건이나 흐르는 땀을 닦기도 했다. 생활의 고단함을 가리는 눈물용으로도 쓰이고, 먼지 털듯 등이며 다리에 대고 탁탁 소리가 나게 두드려 한풀이 하는, 이를 테면 숟가락 같은 것으로 식구마다 정해 놓은 숟가락이 있듯이 여자들마다 비슷비슷한 자기의 수건이 있기 마련이고 어린 우리에게는 신비의 요술 같은 존재이기도 했다.

할머니가 나들이옷을 갖추고 나가실 때 될수록 깨끗하고 큰 머릿수건을 쓰고 나가면 그날 저녁때나 이튿날 한낮에는 보따리로 변한 머릿수건 속에서 알롱달롱한 사탕이며 시루떡이나 쪼가리 사과가 나왔다.

혜숙이도 손바닥만 한 머릿수건을 얹고 짓찧어 사금파리에 담아 놓은 이파리의 색깔에 따라 조밥이나 보리밥을 지어 놓고 기다리고 나는 대개 지게를 지고 장에 갔다 오는 역할을 한다.

지게는 남자의 필수품으로 나무나 소먹이 꼴을 베어 지고 오기도 하지만 장날은 콩 자루 등을 지고 나가면 그 자리에 광목이나 꽁치, 코다리 등 평소 비린내가 궁한 살림에 모처럼 입맛 나는 저녁을 먹을 수도 있는 온갖 것을 집으로 들여오는 요술 지게였다. 밤이면 광문 앞 비 맞지 않는 곳에 놓여지고, 낮이면 남자들의 외출과 함께 몸의 일부처럼 붙어 나가는 것으로 집안의 장정 숫자만큼 항상 준비돼 있어 집안에 들어서서 나란히 서 있는 지게의 숫자만 보면 그 집의 살림살이 규모를 한눈에 알 수 있는 기준이 됐다.

우리가 늘 하는 소꿉놀이터는 아주 큰 왕밤나무 밑으로 그 곳에는 우리 집 암소가 일이 없는 날에는 해 질 때까지 말뚝에 매어져 있었다. 소는 등이 따듯해지면 눈을 지그시 감은 채 앞무릎을 꿇고 앉아 아이들이 놀든 말든 아무 관심 없이 되새김질을 했다. 같은 식구이긴 하되 서로 관심도 없으면서 또한 빠져 있으면 뭔가 허전한 알 수 없는 인연 같은 것이 서로 연결돼 있었다.

우리가 한창 놀이에 열중해 있을 때 앉아서 꼬리만 흔들던 소가 긴 콧숨을 두어 번 쉬면서 일어나면 나와 혜숙이는 벌떡 일어나 소를 바라본다. 소는 우리가 보거나 말거나 꼬리를 뒤로 치뻗치고 엉거주춤한 자세로 폭포수같이 오줌을 싼다.

시원한 물줄기를 바라보다 혜숙이가,

"우리도 눟자."

하며 치마 앞섶을 입에 물고 쪼그려 앉아 나를 쳐다보면 나는 아래 입성을 발등까지 내리고 오줌줄기가 튀지 않도록 적당한 거리에 서서 오줌줄기를 될수록 멀리 쏘아 보내며 혜숙이를 내려다본다. 이상하게도 소꿉놀이 할 때보다 소와 우리가 합동으로 오줌을 눌 때에 이질감이 없어지고 은근한 비밀을 공유하는 공모자가 되어 더 가까워졌다.

우리의 입성은 그저 암소가 오줌을 눌 때 젖지 말라고 치켜드는 꼬리 같은 것으로 오줌을 눌 때마다 혜숙이가 치켜들어 입에 무는 치마의 치장으로 없으면 안 되고 있어도 별로 나무랄 게 없는 그냥 그렇게 달고 있거나 입고 있어야 하는 것으로 치부했다.

사실 입성이래야 미군부대에서 흘러나온 밀가루 포대를 뜯어 겹쳐놓고 어른들의 옷을 펼쳐 치수를 작게 그려 바늘로 꿰맨 다음 입혀본 후 가위로 썽둥썽둥 잘라 뒤집으면 완성됐다.

사내아이의 옷은 상하로 두 조각이지만 계집아이 옷은 위아래를 붙여 중간에 고무줄이나 끈을 달아 허리를 매주면 그만이니까 애시당초 속옷은 없고 겉옷 한 벌이면 찬바람 날 때까지 입었다.

어머니나 누나의 반짇고리에는 늘 천 조각이나 바늘, 실 등이 갖추어져 있고 큼직한 무쇠 가위가 들어 있지만 가위는 떨어뜨리면 잘 부러지고 칼같이 위험한 물건이어서 내 키보다 항상 높은 곳에 있었다.

어린 나에게 가위는 선뜻 차가움에 몸을 움츠러들게 하며 정수리나 귓가에서 볏짚 써는 작두날 소리처럼 두려움으로 소름을 돋게 했다. 누나의 책보를 펼쳐 목에 두르고 댓돌에 꼼짝없이 앉아 미간을 잔뜩 찌푸리고 누나의 가위질을 참아야 하는 행사가 머리 깎는 일이다.

대개의 사내아이는 이발소에 가서 바리깡으로 깎았는데 이발소는 마을에서 멀리 있기도 하지만 그곳은 남자들만 드나드는 곳으로 누나가 데려가기에는 내키지 않는 곳이어서 생각나는 대로 누나의 기분에 따라 대충 가위로 깎는다.

잘린 머리카락이 목덜미를 찌르고 움찔움찔 앙탈을 부리다 보면 마치 너풀거리는 보리 싹을 늦봄에 목달개 햇송아지가 듬성듬성 뜯어먹은 자리처럼 되어버린다.

머리를 깎는 동안 혜숙이는 내 표정을 찬찬히 들여다보기도 하고 깡충깡충 제자리 뛰기로 맴돌기도 하며 끈질기게 참아준다. 내가 머리를 깎을 때쯤이면 혜숙이도 눈을 덮는 머리를 자른다. 내 머리 깎는 것과는 달리 혜숙이는 둥그런 손거울을 들고 나름대로 이리 저리 비춰주며 혜숙이 엄마가 이쁘다 이쁘다 부추겨가며 가위질을 한다. 나는 혜숙이 둘레를 빙글빙글 돌며 이리 저리 살피다가 거울 속에 내 얼굴을 보기도 하고 혜숙이 얼굴을 보기도 한다.

거울은 요술쟁이 같은 것이어서 늘 신기한 물건이었는데, 어머니와 누나가 장에 다녀온 어느 날 국회의원이 들어있는 달력만 한 거울을 사다 벽에 걸어놓았다. 둘이는 한동안 거울 앞에서 혀를 길게 빼보기도 하고 암소 되새김질 흉내도 내고 코를 밀어 올리기도 하며 점차 남의 눈에 비치는 내 모습을 익혀 나갔다. 거울을 들여다보며 이리저리 표정을 바꾸어 눈을 치뜨고 내려뜨고 하는 나를 보고 할머니는 밤에 거울에서 도깨비가 나온다고 종종 나무랐다.

아무튼 거울이 있는 방은 혜숙이와 나의 또 다른 놀이터가 되었다. 둘이 거울을 들여다보며 장난에 열중해 있는 날 동네사람들이 안마당에서 왁자지껄 하더니 우리 집 돼지가 끌려나와 꽤액 꽤액 소리를 지른다. 그 소리는 너무나 크고 무서워 둘이는 방안에 갇히어 꼼짝도 못하고 구석에 웅크리고 숨었다.

그 시간은 부엉이가 부엉부엉 우는 서리 내리는 추운 날 밤 오줌이 마려워 깨었다가 늘 만지고 자던 할머니의 젖무덤을 찾아 더듬는 손이 허전하여 캄캄한 밤 혼자 떨어져 있다는 공포감과 터질 듯 부풀은 오줌보의 압박으로부터의 갈등으로 등에 식은땀이 흐르는 지루하고 두려움과 같은 시간이었다.

어느 순간 돼지의 '꽥액' 소리가 멈추고 부엌에서 물 끓는 소리와 함께 밖이 술렁이고, 어른들이 이렇게 저렇게 해라 시키는 소리로 왔다갔다 부산해졌다.

나는 우선 돼지의 비명소리가 없어졌다는 것과 밖의 동정이 몹시 궁금하여 비밀스럽게 살펴봤다. 드럼통을 반으로 자른 통에 돼지를 넣고 장정들이 끓는 물을 붓고 부엌칼로 문질러 꺼멓던 돼지가 하얗게 변해가고 있었다. 나는 혜숙이를 손짓해 불러서 둘이 번갈아 문구멍으로 밖을 관찰하는 데 열중했다.

우리 집 안방 문에는 연기에 쐬여 회색으로 변한 문창호지에 문구멍을 하나 뚫어 그 구멍만 한 유리조각을 붙여 문을 열지 않고도 밖을 내다보게 해놓았다.

개가 바트게 짖거나 마당에 인기척이 나거나 비가 오는 날 얼마나 오는지 알아볼 때 꼬부장한 할머니는 늘 그 구멍을 통해 확인하였기 때문에 유리 조각이 붙은 문구멍은 할머니의 꼬부린 앉은키에 맞는 높이에 있다.

문창호지 안쪽의 방은 바깥보다 어두웠고 어두운 안쪽에서 내다보이는 바깥은 늘 같은 장소만 보여도 볼 때마다 관찰할 것이 많았고 새로웠다.

아침에 부스스 눈을 뜨면 유리조각 문구멍으로 손바닥만 한 햇빛이 길게 방바닥에 비치고 여물을 다 먹은 소를 아버지가 마구간에서 끌어내 밤나무 밑 말뚝에 매 놓을 때쯤이면 문구멍으로 들어온 햇빛은 한 뼘쯤 방 안쪽에서 문 쪽으로 자리를 옮겨간다. 시계가 없던 우리 집은 문구멍을 통해 들어오는 햇빛으로 마당에 나가 하늘에 떠있는 해를 바라보지 않고도 시간을 대충 짐작하였다.

남모르게 숨어서 남이 하는 양을 관찰한다는 것은 여간 재미있는 일이 아니다. 돼지를 잡는 일에 집안 여자들은 멀리 나가 있고 동네 남자들만 모여서 이리저리 야단이다.

피가 뚝뚝 떨어지는 생간을 굵은 소금에 꾹 찔러 물고 막걸리를 꿀떡꿀떡 넘기는 목젖의 오르내림이며, 청솔가지를 지핀 굴뚝의 연기처럼 담배연기를 쏟아내는 코털이 삐죽삐죽한 콧구멍을 살피는 것으로 들키면 야단맞기 십상인데 방안에 숨어 어른들 관심 밖에서 편히 볼 수 있다는 안도감으로 나나 혜숙이는 하나밖에 없는 문구멍을 열심히 내다봤다.

어른들은 우리를 부를 일도 없고 한창 돼지의 목이며 네 다리를 잘라 저울에 달고 칡으로 꿰기도 하고, 누구는 몇 근 하며 헌 달력 뒷장에 적느라 바빠 우리가 방 안에서 살피고 있다는 것을 까맣게 모르고 있다.

돼지 잡는 일은 흔치 않은 구경거리니까 들키지 않게 혜숙이와 번갈아 살펴보며 숨죽여 킬킬거렸다. 할머니의 앉은키에 맞춘 문구멍은 우리들 키보다 낮아 엉거주춤 궁둥이를 하늘로 치키고 콧등을 문짝에 대고 볼 수밖에 없다. 혜숙이가 문구멍으로 내다보는 동안 나는 한 걸음 물러서서 기다리는 수밖에 없다. 나는 아무 생각 없이 방문 반대쪽으로 눈을 돌렸다가 바깥의 돼지 잡는 일보다 더 놀라운 발견을 하였다.

누나가 걸어놓은 거울에 혜숙이의 궁둥이가 정면으로 비춰 있다. 우리들은 뒷모습에는 아무런 관심이 없었다. 소꿉놀이 할 때에도 앞으로 보고 앉아 놀고, 오줌을 함께 누어도 여자는 앉고 남자는 서서 누는 것을 당연한 것으로 알고 몸뚱이를 나란히 하고 얼굴을 마주보며 뒤쪽은 개의치 않았다.

그런데 거울에 비친 혜숙이의 궁둥이는 잘 익은 개복숭아 빛살에 매끈한 바가지 모양의 틈새로 참외의 골패이듯 도톰한 틈새로 골이 져 있다. 얼마나 놀라운 발견인지 거울 앞에 가서 혜숙이의 궁둥이를 눈치 채지 않게 슬며시 만져보았지만 차가운 거울에 손자국만 다섯 개 꾹 찍혔다. 털이 많은 우리 집 강아지를 쓰다듬거나 쭈구러진 할머니의 젖을 만질 때의 따듯함이나 물컹거림이 아닌 또 다른 것 같은데 눈에 보이는 것과는 다르게 차갑기만 하다. 손바닥을 들여다보고 서 있는데 내가 옆에 없는 것을 눈치 챈 혜숙이가,

"이제 네 차례야!"

하고 손짓을 해서 시침 뚝 떼고 문구멍에 달라붙었다.

문구멍으로 보이는 밖에는 귀 뒤에서 뚝 잘라낸 돼지 대가리가 하늘을 향하고 비스듬히 놓여있다. 죽었는데도 살았을 때 같이 귀를 세우고 부엉이 우는 날 밤 터질 것 같은 오줌을 시원히 내깔긴 뒤의 편안함처럼 감긴 눈은 웃고 있고, 입꼬리 끝은 위로 치뻗쳐 눈깔사탕을 할 듯 혀끝을 내밀고 있다.

돼지가 우리 속에서 꿀꿀거리고 제 똥이 섞인 죽을 먹을 때는 더럽고 아주 바보 같더니, 지금 눈앞에 보이는 돼지는 깨끗하고 기분 좋은 웃음소리가 금방 날 것 같은데, 목구멍이 없어 소리가 나지 않는다. 필경 돼지의 목구멍이 있는 목덜미를 사다 부엌에

걸어놓은 집에서는 죽은 돼지의 시원한 웃음이 들릴 것 같았다.

잘려진 돼지 목덜미의 행방을 생각 중인데 혜숙이가 툭툭 친다. 혜숙이와 자리를 바꾸었다. 아까의 자세와 다름없는 혜숙이의 궁둥이가 거울에 비친다.

혜숙이와 눈만 뜨면 늘 붙어 있지만 얼굴이 예쁘다든지 손이 곱다든지 하는 생각은 한 번도 하지 않았다. 그냥 만나고 놀고 했다. 얼굴을 요모조모 뜯어본다거나 손을 잡는다거나 할 일이 없었기 때문이다.

혜숙이 옆에서 거울을 본다. 따듯한지 또 매끄러운지 만져보고 싶다. 밖에서 죽은 돼지가 웃고 있다. 훔쳐본다는 것은 쑥스러운 일이다. 그렇지만 그 유혹 또한 뿌리칠 수 없다. 궁둥이를 간신히 덮고 있는 치마 끝을 몰래 들추고 집게손가락 끝으로 슬쩍 찌르려 할 때 혜숙이가 기척을 느끼고 뒤를 돌아봤다. 순간 내 혀끝에서 목 없는 돼지의 웃음이 킬킬 새어 나왔다. 혜숙이도 거울을 보았다. 거울에는 맨살의 궁둥이가 있었다. 혜숙이는 그 궁둥이가 제 것인지 엎드린 채로 뒤돌아보며 쓰다듬어 봤다. 거울 속의 궁둥이에도 작은 손이 스쳐지나간다. 혜숙이가,

"애애!"

하고 일어선다. 혜숙이의 표정이 이상해졌다. 울면 어쩐다. 큰일이다. 밖에 있는 어른들이 문을 열고 우는 혜숙이를 보고 물어보면 내가 치마를 들치고 궁둥이를 찔렀다고 이르면 큰일이 아닌가. 이 난처한 상황에 목 없는 돼지의 웃음이 킥킥 나왔다. 순간 나는 아랫도리를 얼른 까 내리고 문구멍을 내다 봤다. 혜숙이는 아직 울지 않고 어른들도 눈치 채지 못했는지 아까 하던 일에 왁자지껄 정신없다. 웃는 돼지의 혀끝을 다시 한 번 쳐다보

고 고개를 뒤로 돌려 거울을 봤다. 거울 속에는 내 궁둥이가 거기 있고 그 옆에 혜숙이가 서서 애매한 표정을 짓더니 표정을 바꾸어 내가 웃듯 들키지 않게 킥킥 웃는다.

혜숙이를 웃긴 것이 내 궁둥이인지 죽은 돼지머리인지는 모르나 혜숙이의 웃음으로 이 난처한 상황은 끝이 났다. 거울 속에 비친 내 궁둥이는 왕밤나무 밑에서 흔하게 주워다 놓은 밤이 오래돼 마른 겉껍질을 까면 말라 쪼그라져 주름이 생기듯 주름진 모습의 열매가 달렸고, 그 뒤로 오줌줄기를 내쏘는 고추 끝이 보인다. 나로서도 처음 보는 내 궁둥이다.

혜숙이가 냉큼 엎드려 가랑이 사이를 들여다본다. 엎드린 채인 내 가랑이 사이로 혜숙이의 장난기 섞인 얼굴을 봤다. 눈이 마주치자 데굴데굴 구르며 목 없는 돼지의 웃음을 웃는다.

"크크…."

코끝으로 웃는 웃음은 귀를 멍멍하게 하고 눈물이 난다. 눈물을 닦고 나는 아랫목 쪽에 혜숙이는 윗목 쪽에 앉았다. 이로 해서 둘의 공모는 합의가 됐다. 돼지 잡는 일을 몰래 훔쳐 본 일과 혜숙이가 여자라는 것과 내가 남자이며 둘이 궁둥이를 보았다는 비밀을 소문내지 않기로 마음먹은 것이다.

이튿날은 거울이 있는 방에서도 쫓겨났고 늘 놀던 소꿉놀이터에서도 쫓겨났다. 아침부터 동네 여자들이 몰려와 거울이 있는 방문을 활짝 열어젖히고 참기름 냄새를 풍기며 부치기를 부치고 툇마루가 있는 봉당에서도 평소 없던 음식을 만드느라 야단이다. 누나는 소금이며 간장을 퍼 나르고 부엌에서는 고사리를 무치고 도라지를 치대느라 부산하다. 소꿉놀이터에는 멍석을 깔고 항아리며 그릇을 씻어 목판 위에 엎어 놓았다.

쫓겨난 우리는 울타리를 돌아 집 뒤에 있는 동산으로 갔다. 우리는 늘 집 앞쪽에서만 놀았지 집 뒤로 가본 적이 없었다. 혼자라면 몰라도 혜숙이와 둘이니까 용기를 내어 잔 나뭇가지를 피해 수염 같은 풀밭을 골라 밟으며 올라갔다. 진달래꽃은 꽃색을 잃고 꼭지가 빠져 명주실 같은 꽃술에 매달려 있고, 가지 사이로 노란 몸에 까만 줄무늬가 있는 무당거미가 거미줄 가운데 버티고 있는 곳을 피해 가사도 없고 가락도 마음대로인 노래를 제만큼 부르며 삐뚤삐뚤 올라갔다. 누나의 노래를 이따금 들었으나 너무 길고 어려워 지금 오르는 산에서는 생각도 안 나지만 집에서 이리저리 쫓겨 다니는 것보다는 훨씬 기분이 좋아 젖먹이 옹알이 노래를 신나게 부른다.

키 높이 잔솔밭을 지나 훤히 트인 곳에서 우리 키 높이로 무더기로 무리지어 핀 연분홍색 산철쭉이 무리지어 피었다. 그 색은 혜숙이네 집에 혜숙이 아버지가 없을 때 어쩌다 열려진 장롱 속 맨 밑바닥에 단정히 개어있는 두툼한 이불색 같았다. 물론 나는 그 이불을 덮고 자는 혜숙이 아버지나 혜숙이를 본 적은 없다.

올라올 때 부르던 노래는 꽃에 팔려 이미 그쳤다. 우리와 꽃나무의 키가 비슷하여 서로 떨어지지 않으려고 자연스럽게 손을 잡았다. 잔솔밭을 지날 때 이미 우리 집은 보이지 않고 동네 여자들 웃음소리만 간간이 들렸으므로 언제부터 손을 잡았는지는 분명치 않다. 꽃무더기 나무를 몇 개째 돌아 오르기도 하고 내려가기도 하는데 저 아래 쪽에서 소 울음소리가 들린다.

잊어버렸던 것이 갑자기 생각난 듯 오줌이 마렵다. 쪼그려 앉은 혜숙이의 머리카락을 보고 발 돋음을 하여 오줌을 내 쏘는 동안 혹시 나를 부르는 소리가 들리는지 집중을 한다.

암소가 '움메' 하고 울 때는 젖이 퉁퉁 불어 송아지를 부를 때 운다는 것을 어른들로부터 들어 알고 있으니까 까맣게 잊고 있던 밥 때가 되어 어른들이 찾고 있는지도 모른다. 어디서 왔는지 뜻 모를 나비가 나풀나풀 날아간다.

할머니는 무릎을 베고 누운 나에게 이따금 얘기를 했다.

"할미는 죽어서 나비가 된단다."

"왜?"

"무덤가에는 흰나비가 많이 날잖니. 그게 무덤에서 나왔지 어디서 생겼겠니."

가까운 곳에 무덤이 있고 그 무덤에서 지금 나비가 나와 날고 있는 것이다. 그 할머니가 좋은 할머니인지 나쁜 할머니인지 알 수가 없다. 갑자기 무섭다. 손을 꼬옥 잡고 꼼짝 않고 서서 나풀거리는 흰나비를 응시한다.

나비는 우리 주변을 왔다 갔다 한다. 나비가 내 머리나 혜숙이 머리 위에 앉으면 어떻게 하나 불안하여 맞잡은 손에 땀이 배고 맨발에 꿴 고무신이 미끌거린다. 소 울음이 또 들린다. 거리가 어디쯤인지 알 수 없는 뻐꾸기가 울다 말다 한다. 땀이 주루룩 두어 방울 등줄기를 타고 흘러내린다.

갑자기 저 아래 솔가지가 춤을 추더니 휘익 돌개바람이 되어 치올라 온다. 바람은 내 귀 밑을 스치고 혜숙이 머리를 막 헝클어 흔들더니 나비를 품어 안고 산 위로 가버렸다. 발 돋음으로 서서 보아도 꽃가지와 푸른 솔가지만 보이고 길은 보이지 않는다.

혜숙이와 나는 쪼그려 앉았다. 땅바닥에는 오줌 눈 자리가 비탈을 타고 흘러가다 만 자리가 있고, 산철쭉 가지 사이로 두어 발짝 앞에 토끼 똥만 보이고 길은 없다. 햇볕이 비치는 머리 위에는 손톱만 한 연둣빛 잎사귀에 잎보다 몇 배 큰 연분홍 꽃들이 뒤덮고 있다.

갑자기 혜숙이가 입을 삐쭉거리더니 '흐흐흑' 어깨를 들썩이고 운다. 나도 울고 싶다. 혜숙이는 나 들으라고 우는지 모르지만 나는 들어주는 사람도 없는데 울 수도 없다. 울음의 시작은 하찮게 시작되지만 제 울음소리에 서러워 점점 크게 울다가 울음을 그칠 때에는 왜 우는지 몰라 시들시들 울다 그치는 것으로, 여자들만 많은 집에 늦둥이인 나는 울음을 곧잘 골라 울었지만 지금 같은 상황에서는 아무 소용없는 울음이다. 울음을 참는 대신 코를 훌쩍이고 혜숙이 얼굴에 흐른 눈물을 손등으로 닦아주며 찬찬히 본다. 예쁜지 미운지 한 번도 생각을 안했지만 눈물이 그렁그렁한 눈을 보며 처음으로 참 예쁘다는 생각을 하며 집까지 꼭 데려가야겠다는 다짐을 했다.

내가 일어서자 혜숙이가 아무 말 없이 일어선다. 오줌이 흘러간 방향으로 첫 발을 내디뎠다. 발 디디기 좋은 곳만 골라 여기까지 왔으므로 올라온 것인지 돌아온 것인지 알 수가 없어서, 산에 왔으니까 무조건 내려가기로만 마음을 먹었다. 될수록 혜숙이가 다치지 않도록 앞장서 나뭇가지를 헤치고 서서 혜숙이가 지나가기를 기다리고 무당거미를 작대기로 찔러 쫓으며 올 때보다 몇 배나 조심스럽게 걸었다.

집에 왔다. 어른들은 자기 일에 바빠 우리가 산에서 울다 온 것을 알지 못한다. 우리가 눈에 띄자 손짓해 불러서 부치기랑 떡을 준다. 혜숙이가 많이 먹으라고 나는 될수록 천천히 조금씩 먹었다. 갑자기 혜숙이보다 내가 훨씬 큰 것 같다. 나는 누나만큼 크고 혜숙이가 나인 것 같다.

집안에서 응석받이로 자란 나는 심술쟁이었다. 누나를 엎드리게 하고 말처럼 타고 놀았으며 밥을 먹을 때도, 뜨거우니 식혀라, 짠지 쪽을 찢어 밥숟가락 위에 놓아라, 매우니 물 떠와라 등등 한없이 시켜 먹었지만 누나는 한 번도 나무라거나 거역하지 않았다.

비가 오는 날이면 지 우산을 내가 쓰고 누나는 나를 업었다. 비만 오면 극성스레 누나의 등에 업혀 우산을 들고 까불며 다녔다. 온 천지가 비를 다 맞아도 나는 맞지 않았으며 흙탕물에 질컹거려도 내 발은 흙이 묻지 않았다. 혜숙이가 심심할 때면 누나가 나한테 하던 것처럼 말을 태워 줘야겠다고 생각했다. 비가 오면 우산을 들고 가서 혜숙이에게 주고 내가 업고 다니기로 작정했다. 비가 왔으면 좋겠다. 하늘을 쳐다본다. 두루봉 산에 걸린 해는 뿌옇고 해 둘레에는 큰 굴렁쇠가 테를 두르고 있다.

방 안에는 할머니들이 가득하다. 시키는 대로 돌아가며 큰절을 한다. 무슨 할머니든 상관없다. 왠지 불편한 이 자리를 빨리 끝내고 나가야겠는데 머리카락이 곱슬곱슬한 할머니가 손목을 잡고 이런 저런 걸 물어 쌌고 등을 두드리곤 한다. 손을 후딱 잡아 빼고 마당으로 나왔다.

누나는 산철쭉을 한 아름 꺾어다 두레박 깡통에 꽂아 안마당 가운데다 놓는다. 그리고 나를 손짓해 부른다. 혜숙이랑 산에 갔다가 온 게 들통 난 것 같아 괜히 뚱하게 섰다.

누나의 뒤로 황새 다리 같은 받침 위로 꺼먼 보자기를 쓴 사람이 보자기 속에서 무얼 하는지 꾸물거린다. 마당에서 아버지가 방 안에 있는 할머니를 비롯해 식구를 모두 불러냈다.

누나는 바깥마당 멍석판에서 막걸리를 항아리에 쏟아 붓고 빈 술통을 가져와 걸레로 닦고 방석을 한가운데 놓았다. 할머니가 그곳에 앉고 할머니 둘레로 우리 집 식구들이 빙 둘러섰다. 못 보던 남자가 손짓하는 대로 좁히기도 하고 기웃거리기도 하며 한참을 그렇게 시키는 대로 하는데 구경하며 웃고 떠드는 사람 틈 저만치서 혜숙이가 할머니 앞에 놓인 깡통의 꽃을 바라보고 있었다. 무언지 불안한데 혜숙이는 나와 눈이 마주치자 홱 돌아서서 바깥마당으로 가버렸다. 뒷동산에서 운 것을 나는 이르지 않았는데 누나는 어떻게 알았을까 몹시 궁금했다. 난처할 때 하던 버릇대로 손가락을 입에 물고 빨고 있을 때 펑 하고 흰 구름이 낯선 남자의 높이 든 손에서 퍼졌다.

사진을 찍고 밤나무 밑에 매여 있는 소 옆에 가서 소의 눈을 들여다보기도 하고 개망초 순을 몇 개씩 뜯어다 앉아 있는 소 코끝에 대준다. 소는 콧김을 푸푸 내쏘며 긴 혀로 내가 주는 먹이를 받아먹는다.

"난 안 일렀지, 그치?"

나는 소를 보며 확인하고 또 하고 우리 집 소에게 다짐을 한다. 소는 아무 말도 안했지만 내가 뜯어다 주는 망초대를 먹는 것은 내 말을 알아들었다는 것이다. 산에서 우리가 울 때 소가 '움메' 하고 불렀으니까 소는 알고 있지만 누나가 소에게 물어보지는 않은 것 같아 소에게 비밀을 다짐하며 나는 이르지 않았다고 소에게 결백을 주장했다.

작은집 앞에 도랑물이 넘쳐 건너편에 있는 아카시아 나무가 쓰러져 개울뚝에 외나무다리처럼 걸쳤다. 센 물살이 빠지기를 며칠 기다렸다. 산골 개울물이란 소낙비에도 부쩍 늘었다가 해만 반짝 나면 금새 줄고 맑아진다.

누나가 낫을 들고 와 처진 아카시아나무 가지를 대충 쳐냈다. 물속의 잔돌을 주워내고 근처의 버드나무 가지를 꺾어다 큰 돌로 눌러 물길을 막아 놓았다. 우리의 물 놀이터가 아주 훌륭하게 되었다. 내친김에 누나는 아버지가 여벌로 준비해 뒀던 송아지 고삐를 들고 나와 개울둑에 걸친 아카시아 나무에 그네를 매었다. 그네가 얕아서 서서는 탈 수 없고 앉아서 발을 내리면 바로 아래 물이 닿을 듯 말 듯 스친다.

혜숙이는 그네에 올라 앉아 있기를 좋아했다. 그네에 올라 앉아 발을 까불까불 거리며 노래를 부른다. 그 노래는 가사도 분명치 않고 소리의 오르내림도 기분에 따라 다르다. 그것은 혜숙이가 기분에 따라 마음대로 부르는 노래니까 나는 알지 못한다. 혜숙이가 그네를 타고 노래를 부르는 동안 나는 고무신을 벗어 양손에 들고 요리조리 잘도 도망 다니는 미꾸라지를 잡느라 시간 가는 줄 몰랐다. 간신히 한 마리 잡아 고무신에 담아 모래밭에 놓고 허리를 펼 때쯤이면 노래를 하다 만 혜숙이가 일부러 신 한 짝을 물에 떨구고는 응석부리 소리를 친다.

"내 신발, 내 신발!"

기우뚱거리며 떠내려가도 누나가 막아놓은 보또랑에 걸리기 마련이지만 나는 내심 다 알면서도 철벙철벙 좇아가 건져다 신겨준다. 마치 참새가 서로 조잘대야 하듯 각자 제 놀이에 빠져 있다가 뭔가 잘못된 것 같은 생각이 들 때 그곳에 둘이 함께 있다는 것을 확인하는 것이다. 그네는 누나가 매어 놓았지만 그것은 늘 혜숙이 것이었고, 물에 늘 있는 미꾸라지는 내 것이었다.

한낮이 기웃할 때면 누나는 감자나 옥수수를 쪄 바가지에 담아 아카시아 외나무다리 위에 놓고 간다. 누나가 바가지를 들고 나올 때에는 우리 집 강아지가 늘 따라온다. 우리 집 강아지는 나보다 누나를 더 좋아한다. 누나가 강아지 밥을 챙겨주므로 늘 따라다니다가도 우리가 있는 곳에 바가지를 놓고 가면 강아지는 우리 주위를 맴돌며 관심을 보이려고 애를 썼다. 사실 감자는 단맛도 없고 싱거워서 한 알씩 깡충거리며 받아먹는 재미로 강아지에게 던져준다.

혜숙이는 옥수수알을 씹으며 다시 노래를 부르고 나는 개울가를 파서 미꾸라지 집을 만드는 데 열중한다. 때로는 혜숙이 엄마가 혜숙이를 부르기도 했다. 혜숙이가 집으로 뛰어갔다가 올 때는 뜨거운 부치기를 한 접시 들고 오기도 하고 삶은 달걀을 들고 오기도 했다. 그런 날은 우리 집 강아지가 나보다 혜숙이를 더 좋아한다. 나는 강아지 배를 발로 차 쫓아버린다. 우리들의 놀이터는 개똥벌레가 날기 시작하는 저녁에는 누나를 비롯한 여자들의 차지다. 그네가 매어진 외나무다리는 옷가지를 걸치고 내가 만들어 논 미꾸라지 집은 밟혀서 뭉개지고 엉망이 된다. 내가 마구간 지붕의 하얀 박꽃을 바라보며 근심하면 할머니가 슬며시 품에 품어 나도 모르게 잠이 들곤 했다.

추석이다. 아버지가 장에서 재봉틀로 만든 옷을 사왔다. 처음 입어보는 새 옷은 좀 크고 단추가 많아 어색하고 불편하다. 왠지 쑥스러워 집에만 있는데 우리 집 강아지가 꼬리를 살랑거리며 뛰어나간다. 기름 냄새나는 걸 혜숙이가 들고 왔다. 혜숙이의 옷차림도 달라졌다. 깡통옷 대신 허리에 리본이 달린 옷을 입고 있다. 이상하게 불길한 예감이 든다. 구렁이가 숨어 있을 듯싶은 풀숲을 지나야 할 때처럼 눈에 보이지는 않지만 쐐기에 쏘여 부풀은 아리한 아픔 같은 것이 우러나온다.

소 마답의 밤나무에서 밤이 떨어진다. 아름드리 늙은 밤나무 꼭대기에서 벌어져 떨어지는 알밤은 한참 아래에 있는 굵은 가지에 맞고 튕겨지며 나는 소리는 무심코 지나가다 깜짝 놀랄 만큼 소리가 크다. 낮 동안 햇볕을 많이 받는 높은 가지일수록 통통 여물었다가 밤에 날씨가 추울수록 안개에 잔뜩 부풀어 탱탱한 알밤이 쏟아져 사방이 고요한 한밤중에 느닷없는 총소리에 깨어나곤 한다.

아침이면 잠이 없는 할머니가 제일 먼저 밤을 줍고 아궁이에 불이 활활 탈 때쯤이면 누나가 주워온다. 할머니는 알밤을 모았다가 장에 가서 바늘이나 실, 비누 등을 바꿔 오고 누나는 도나쓰 장사가 오면 바꿔서 먹었다.

늦잠꾸러기인 나는 아침을 먹고 천천히 나가 주머니가 많은 새 옷에 불룩하도록 알밤을 주워 온다. 날밤을 앞니로 까면 속껍질이 떫들하여 침이 많이 묻고 손때가 묻었다.

내가 밤나무 밑을 살필 때쯤이면 혜숙이도 두툼한 옷을 입고 밤나무 밑을 살핀다. 주운 밤을 가지고 혜숙이와 함께 우리 집 소여물 끓이는 아궁이의 불이 삭기 전에 얼른 들어와 큼직한 깡통에 밤을 쏟아 넣고 뚜껑을 덮어 아직 이글거리는 벌건 불 위에 굴려 넣고 아궁이 앞에서 나무토막을 깔고 앉아 밤이 구워지기를 기다린다. 깡통 속에서 밤이 펑펑 터지며 쏙 껍질까지 벗어

놓는다. 밤이 익는 동안 아궁이 불에 무릎이 따끈거릴 때는 스산한 바깥바람보다는 어두한 부엌이 훨씬 아늑하다. 아궁이의 불빛에 불그스레 얼굴이 달아오르면 잔 나뭇가지를 쭈질러 넣으며 우리가 밤을 굽고 있으면 누나는 우물가에서 걸레를 빨다 말고 들여다보며 칭찬인지 흉인지 한 마디 한다.

"아이고, 비둘기 새끼 같다."

밤 줍기도 끝나고 날씨가 점점 추워진다. 아이들이 밖에서 놀기보다 방에서 노는 시간이 많아진다. 거울을 보고 노는 일도 시시해지고 할머니의 옛날이야기도 다 외운다. 눈이 펑펑 오는 날 문구멍으로 내다보고 소여물 광에 참새가 날아오나 하루 종일 지킨다. 소쿠리를 엎어 막대기를 받쳐 놓고 끈을 매어 손에 감아쥐고 잡아채야 잡히는데 아침부터 지키지만 참새는 해 저물 때쯤이나 돼서야 저녁거리 먹으러 여물 광에 날아온다. 오줌 마려운 걸 참듯 조마조마 참고 있으려면 의심 많은 참새들은 소쿠리 주변만 콕콕 쪼고 소쿠리 밑으로는 들어가지 않는다.

눈 오는 날이면 아버지는 옛날 꿩 잡던 얘기를 하신다. 꿈속에서 나는 꿩을 잡아 혜숙이네 집에서 꿩고기를 먹고 있다. 아침에 잠이 깼을 때는 모로 잔 입가에 침이 허옇게 말라붙어 있어 누나는 흉을 본다. 아무리 꿈속이라도 잡은 꿩을 집으로 가져와 우리 식구와 먹었어야 하는데 왜 혜숙이네 집으로 가져갔는지, 누나 보기에 미안해서 문을 콩 닫고 나가 고양이 세수를 하고 시침을 뚝 뗀다.

신작로에 먼지가 자욱하다. 갑자기 미군이 한꺼번에 들어와 보리밭에 천막을 치고 미루나무보다도 높게 깃대를 세우고 이불보만 한 깃발을 달아 멀리에서도 바람에 펄럭이는 것이 보인다. 뒷동산 골짜기로 나무꾼만 다니던 작은 길을 넓히고 트럭으로 탄약을 실어다 우리 집보다 몇 배나 크게 쌓아 놓았다.

미군들은 빠르게 뭐라고 떠들거나 껌을 쉬지 않고 씹으며 입을 한시도 가만있지 않는다. 미군이 머물다간 자리에는 빈 깡통과 빠작종이가 널려져 있다. 이따금 산을 휘휘 둘러보다가 높이 날아가는 까마귀나 산비탈에 하얗게 눈에 띄는 비석을 향해 총을 쐈다.

노랗게 빛나는 탄피가 예뻐서 호주머니에 넣고 다니며 아랫입술 끝에 대고 불면 탄피의 크기에 따라 다른 소리가 난다. 그 소리는 내 주변에서 늘 들리던 소리와는 또 다른 소리로 이제까지의 개울물 흐르는 소리나 새 울음소리의 느낌과는 전혀 다른 생경한 소리였다.

골짜기에 탄약을 쌓으므로 해서 탄약을 지키는 한국군 부대가 개울 건너에 들어왔다. 철모를 쓰고 총을 철그덕 거리며 걷는 군인들의 발자국 소리가 시도 때도 없으며 한밤중 보초 교대를 하러 가는 발소리는 땅을 쿵쿵 울리어, 할머니의 옛날이야기에서 이따금 듣던 죽을 사람을 데리러 오는 저승사자가 오는 것 같아 몸을 움츠러들게 했다.

갑작스런 변화에 뭔가 막연한 불안은 흐린 날 저녁 마루 밑으로 퍼져 나가는 파란 연기처럼 감돌지만 듣고 보는 것에 점차 익숙해져 갔다. 새로운 것에 대한 구경거리로 혜숙이와의 만남이 뜸한 어느 날 아버지가 구장집에서 취학통지서를 갖고 왔다.

툇마루 밑에 있던 우리 집 강아지가 훌쩍 커 중강아지가 된 것처럼 나는 갑작스레 어른이 됐다. 손발을 싹싹 닦아야 하고 동네사람을 만나면 고개 숙여 인사를 해야 했다. 학교에 다니기 위해 우리 집 마당에서 조금씩 조금씩 더 멀리 탐색을 한다. 동네 사람을 익히기 위해 할머니는 마실 가실 때 데리고 다니고 아버지의 심부름도 해야 했다.

어느 날 작은 집 마당에 트럭이 들어왔다. 혜숙이네 방에서 이불 보따리며 살림들을 내다 짐칸에 싣고 있다. 나는 혜숙이가 머리띠를 한 것을 처음 보았다. 보지 못하던 새 옷을 입고 머리에 리본을 나풀거리게 묶었다. 혜숙이는 나를 못 본 체하고 지난해 피었다 진 사립울타리에 마른 채로 감겨있는 넝쿨에서 나팔꽃 씨를 따 모아 앞섶 주머니에 넣고 있고, 혜숙이 엄마는 새로 파마한 머리를 손거울로 비춰 보다가 빈 방을 둘러보고 있다.

밧줄로 짐을 묶은 트럭운전수가 운전석에 앉아 운전대를 잡자 트럭이 갑자기 살아서 붕붕거리고, 화들짝 놀란 혜숙이가 운전수 옆에 타고 혜숙이 엄마와 아버지가 차례로 올라타자 트럭은 개울물을 뒤뚱거리고 건너 보리밭으로 나갔다.

우리 집 강아지가 보리밭 중간까지 뒤따라가며 컹컹 짖다가 돌아오고 나는 한참 동안 멀어지는 트럭을 바라봤다. 나는 뭔가 허전하여 혜숙이네가 살던 방을 들여다봤다. 살림을 들어낸 방은 헌 신문 몇 장이 아무렇게나 놓여 있고, 혜숙이 아버지가 썼을 몇 방울 남지 않은 잉크병 하나가 옆으로 쓰러져 있다. 나는 습관대로 신발을 벗고 방 안에 들어가 빈 잉크병을 집어 들고 집으로 왔다. 저녁을 먹으면서 아버지는 박 선생이 큰 학교로 전근을 갔다고 했다. 다음날 혜숙이네 집을 가 봤으나 방에도 밖에도 아무도 없다. 마당에서 개울을 건너 보리밭을 지나간 트럭 바퀴 자리만 움푹 남았다.

꿈을 꿨다. 혜숙이네 이삿짐 트럭의 운전대를 내가 잡자 트럭은 살아서 붕붕거린다. 혜숙이를 옆에 태우고 혜숙이 엄마가 타고 혜숙이 아버지가 우리 집 강아지를 짐칸에 올려놓는다. 개울을 건너고 보리밭을 지나 앞을 가로 막고 있는 두루봉 산을 향하여 풍선처럼 부웅 떠서 타고 오른다. 산비탈을 따라 몸이 뒤로 젖혀지고 짐칸의 강아지가 뒤로 주루룩 미끄럼을 타다 트럭에서 떨어졌다. 순간 나는 운전대를 놓았고 의지할 데가 없는 나는 공중제비로 차에서 떨어졌다.

눈을 떴다. 베개에서 쿵 떨어진 머리통을 할머니가 고쳐 받쳐준다. 오줌 눟는 척하고 문을 열고 나와 툇마루 밑을 들여다본다. 우리 집 강아지가 없다. 아무도 혜숙이네가 어디로 이사 갔는지 말하는 걸 듣지 못했다.

저녁을 먹은 누나의 눈치가 수상하다. 부대가 들어온 후 아버지는 누나의 바깥출입을 금지했다. 누나는 저녁에 마실 나가는 것은 엄두도 못 냈다. 아버지가 야단을 칠 때는 치켜 뜬 눈주름이 당겨져 산맥처럼 솟고 굵은 목젖대가 위 아래로 오르내리며 문고리가 울릴 만큼 큰 소리로 호령을 하신다. 얼마나 겁이 나는지 지레 겁을 먹고 웃방 구석에 있는 술항아리 모양으로 포대기를 뒤집어쓰고 웅크리고 앉아 있어도 상상되는 아버지의 표정은 부글부글 끓는 술항아리처럼 보지 않고 소리만으로 짐작해도 알 수 있듯이 목소리의 크기만으로도 아버지의 훈계 정도를 알아들었다.

농가에는 방구석에 항상 술 빚는 항아리가 있었다. 특히 모내기나 가을 타작시기에는 양조장이 멀기도 하지만 적잖은 현금이 나가야 되기 때문에 궁한 돈보다 집에 있는 곡식으로 농주를 빚어 힘든 일을 할 때 요기 삼아 마셨다. 할머니는 보리밥이 쉬면 물에 씻어서 시큼한 막걸리에 물을 부어서 보리밥을 말아 짠지를 반찬으로 점심을 때우는 때가 종종 있었다.

아버지가 들일을 나가시고 출출한 새참 때가 되면 어머니는 곧잘 나에게 심부름을 시켰다. 금방 체로 거른 막걸리를 주전자에 담아 고추장 그릇과 함께 아버지께 갖다 드린다. 주전자를 받아든 나는 오이나 고추를 몇 개 따서 들고 풀이 수북이 자란 논둑이나 밭둑길을 간다. 펄쩍펄쩍 뛰는 개구리나 풀벌레를 비켜 발을 딛다 보면 주전자 꼭지로 막걸리가 꿀쩍꿀쩍 쏟아진다. 아까운 술 쏟음 대신 까치발 돋음으로 주전자 꼭지에 입을 대고 쭈욱 빨아 마신다.

아버지가 일하는 근처 개울물에 술 주전자를 담가 놓고 고추나 오이꼭지를 잘라 주전자 꼭지를 막아 놓고 아버지를 기다린다. 일하는 밭고랑이 끝날 때까지는 한참 시간이 걸린다. 나는 개울물 속의 잔돌을 들추며 가재를 잡아 고무신에 담으며 시간을 보낸다. 아버지가 손을 털고 나오셔서 주전자를 비우면 그 주전자에 가재를 몇 마리 더 잡아 담아 들고 집으로 온다. 누나는 잡아온 가재를 양재기에 간장을 붓고 불에 얹어 놓는다. 빨갛게 익은 가재는 짭조름하고 아득아득 씹히는 맛이 반찬이라곤 푸성귀밖에 없는 집에서 이보다 더 맛 나는 게 없다.

저녁 설거지하는 누나가 평소보다 서두르는 것을 진작부터 눈치 채고 있는 나는 미리 사립문 밖에서 기다린다. 아버지 몰래 뒤곁을 돌아서 나오는 누나를 따라잡는다. 누나는 콩주먹을 치켜들고 야단이지만 나는 이미 누나가 저러면 미군부대에 뭔가 구경거리가 있다는 것을 안다. 할 수 없이 누나는 컴컴한 밤길을 나를 데리고 나간다. 개울가의 아카시아꽃 향기가 물안개처럼 내려 앉아 앞선 누나의 잰 발걸음으로 펄럭이는 치맛자락에서 뭉텅뭉텅 풍겨난다.

개울둑을 올라서자 웅~웅 스피커 소리가 들리고 미군부대 쪽이 훤하다. 밤이면 이따금 미군부대에서 영화를 한다는 소문을 들었기에 오늘밤이 바로 영화를 하는 날이구나 직감적으로 알았다. 이미 시작했구나 하는 마음이 바빠 너풀너풀 발에 채이는 보리밭을 가로질러 나보다 빠른 누나의 손에 끌리다시피 뛰어간다.

커다란 광목천이 바람에 펄럭이고 거기에 화면이 비친다. 몫좋은 앞에는 동네 아이들이 앉았고 그 뒤로 군인들이 줄을 맞춰 땅바닥에 앉아 영화를 본다. 늦게 갔으므로 좋은 자리는 없고 트럭 꽁무니에 매달려 시끄럽게 윙윙거리며 돌아가는 발전기 옆에서 발끝을 세우고 본다. 시끄럽기도 하지만 애시당초 미국말만 나오니까 소리는 들으나 마나 알지도 못한다. 장면이 바뀔 때마다 사람들은 제 나름 대로 배우가 하는 말을 스스로 만들어 가며 이해를 해야 한다. 이튿날이면 아이들의 화제는 어제 본 영화의 이야기로 하루를 보낸다. 그 이야기가 맞다 아니다를 가지고 코를 맞대고 우긴다.

동네에서 외따로 떨어진 나는 영화를 처음 봤다. 영화 속에서 깃털 모자를 쓴 사람이 활을 쏘고 천으로 만든 멋있는 모자를 쓴 사람은 총을 쐈다. 활을 쏘는 대장이 총에 맞아 다치자 흰

천을 나뭇가지에 매달아 흔들었다. 총을 쏘는 사람이 이겼다. 총을 쏘는 대장의 부하들이 말을 타고 가서 활을 쏘는 사람들이 데리고 있던 여자를 여럿 데리고 왔다. 총을 든 대장이 여자를 주욱 보고 그 중에 한 여자를 골랐다가 다른 여자로 바꾸었다. 그 여자는 폭포가 쏟아지는 물에서 발가벗고 목욕하고 화면 가득 하얀 옷이 앞을 가리며 대장과 여자는 뽀뽀를 하고 끝났다.

비가 온다. 두루봉 산꼭대기에 구름 같은 하얀 안개가 집 앞에서 빤히 보이는 횟골 골짜기를 타고 솔가지 틈새로 하얗게 내려 덮인다. 연둣빛에서 막 발그스레 색깔이 변해가는 젖꼭지같이 생긴 뽕나무 열매가 빗물에 젖어 물방울을 뚝뚝 떨군다. 물에 씻긴 뽕나무 잎파리가 반들거리며 새 풀을 먹여 다림질한 옷같이 윤기가 나고 맨 살빛의 밑둥이 등목하는 팔뚝 모양 물이 흐른다.

축축한 안개비는 물이 총총 고인 논바닥에서 개구리들을 불러내어 머리만 물 밖으로 내민 턱밑에 꽈리 풍선을 불룩불룩 부풀려 한 치의 양보도 없이 경쟁하듯 개굴거리는 소리로 시끄럽다. 이런 날은 아이들의 놀이가 없다. 부슬거리는 비를 맞으며 개울물이 얼마나 늘었는지를 알아봐야 한다. 평상시에는 두 걸음 뒤로 물러섰다가 껑충 내달아 뛰어 건너곤 했지만 징검다리를 놓아야 할 만큼 물이 불었다. 마침한 큰 돌을 물색해 들썩거려 보지만 꿈쩍도 안한다. 잔돌을 주어다 쌓아놓고 넓적한 돌을 얹기 위해 개울물을 첨벙거리며 위아래로 두리번두리번 찾아 나선다. 한참을 찾다가 미꾸라지 집을 만들던 생각이 났다.

쓰러진 아카시아 나무토막에는 새순이 꺼먼 줄기를 뚫고 뼘이 넘게 자랐고 비 맞은 그네가 축 늘어져 있다. 그 밑에 미꾸라지 집을 지었던 돌을 찾아 수북한 풀 섶을 헤친다. 뜻밖에도 풀 섶의 넓적한 돌 위에 낯익은 고무신이 단정히 놓여있다. 콧등에는 하늘색 줄무늬가 있고 양쪽으로 빨간 꽃 점이 서너 개씩 찍혀있는 혜숙이의 발에 신기어 그네에서 흔들리던 고무신이다. 그때는 크다 작다 생각이 없었는데 내 발에 신어보니 너무 작다.

혜숙이가 트럭을 타고 가던 날 고무신 대신 발등에 조임 띠가 있는 까만 새 신을 신고 있었던 게 생각났다. 혜숙이는 제가 신던 고무신을 깨끗이 씻어 내 미꾸라지 돌담 위에 가지런히 놓아두고 이사 가는 날 트럭에 타기 바빠 깜빡 잊고 간 것이다. 언젠가는 이 신발을 찾으러 여기에 올 것 같다. 다시 와서 신발을 신고 옥수수를 한 알 한 알 따 먹으며 하늘을 쳐다보고 흥얼흥얼 가사도 없는 노래를 부를 것 같았다.

나는 혜숙이의 고무신을 깨끗이 씻어 내 미꾸라지 집의 넓적 돌 위에 정성스럽게 놓아두었다. 나는 그만 못한 돌을 주워 징검다리를 만들고 혼자서 혜숙이의 가사 없는 노래를 부르며 열 번도 더 껑충껑충 뛰어 건넜다.

개울 건너에는 메꽃이 피었다. 나팔처럼 생긴 메꽃은 색이 선명치 못하고 희스므레한 분홍색으로 꼭지를 따내고 입으로 불면 삐 소리가 난다. 몇 개 따서 입으로 불다가 줄기째 걷어서 집으로 가져왔다. 툇마루 끝에 앉아 혜숙이 아버지의 잉크병에 물을 담아 꽂고 바닥에 처진 넝쿨을 울타리에서 나뭇가지를 꺾어다 감아올려 받쳐놓았다. 이튿날 메꽃은 잉크처럼 파랗게 변했다.

징검다리의 물은 많이 줄었지만 혜숙이의 신발과 그네는 그대로 있었다. 아무도 왔다간 흔적이 없다.

학년이 올라가도 맨날 같은 얼굴이던 우리 반에 낯선 아이들이 조금씩 들어왔다. 미군부대가 가시철망으로 울타리를 치고 높다란 깃대에서 미국기가 변함없이 펄럭이자 외지에서 사람들이 이사를 왔다. 여자들은 군복을 세탁해 주고 얼치기 청년들은 하우스보이를 하며 미군부대를 드나들었다. 처음 보는 젊은 여자들은 파마를 하고 빨간 입술로 '메리'라든가 '베티'라고 서로 불렀다.

신작로가의 미군부대 입구에 새 집이 금방 지어졌고, 사탕이나 비누 등에서부터 읍에서 배달된 술을 항아리에 담아 놓고 나무됫박에 국자 모양 긴 자루를 달아 풀 때마다 휘휘 저어 됫박술을 팔았다. 이 집은 언제부터인가 군인들이 주보집이라고 불렀으며 그 집 아이가 우리 반에 들어왔다.

주보집 아이는 넓적한 얼굴에 살이 통통했다. 새 아이가 오면 선생님은 비슷한 키의 아이와 짝을 맞춰 앉혔다. 선생님이 내 이름을 불렀다. 선생님은 모든 아이들을 부를 때 '얘' 하나로 부르곤 하였으므로 우리들 이름을 모르는 줄로 알고 있었는데 갑작스레 내 이름을 불러 혼내 줄 일이 있는가 하고 겁이 덜컥 났다. 그것은 산수시간에 어려운 문제를 칠판에 써 놓고 나와서 풀라거나 일 전이요, 십 오전이요 하고 빠른 속도로 숫자를 부르다가 머리를 탁 치며 '너' 하고 답을 요구하는 주산 시간의 긴장감같이 불안한 마음으로 칠판 앞으로 불려나갔다.

선생님은 새로 온 여자아이와 뒤통수를 맞대어 세워놓고 고개를 끄덕이곤 '들어가 앉아'로 짝꿍은 결정났다. 내 옆의 아이는 뒤로 밀려나고 새 아이가 책과 공책을 꺼내 책상 위에 가지런히 놓았다. 힐끗 본 공책에 '이문자'라고 이름이 쓰여 있다.

선생님이 교실에서 나간 사이에 책상 위에 몽당연필로 내 자리를 좀 넓게 새로 금을 그었다. 그 금은 우리 집 밭둑처럼 남의 집 호박넝쿨이 넘어와서는 안 되는 말 없는 경계선으로, 미술시간 도화지가 넘어와도 안 되고, 입으로 '훅' 분 지우개의 고무똥이 불려 와도 안 된다. 그 금은 보이지 않는 연장선으로 이어져 의자 등받이까지로 바닥의 발은 물론 옷깃 하나 스쳐도 안 되는 신성한 내 구역으로, 교실은 공동영역이지만 자리만큼은 각자 제만큼 차지하고 접근을 금했다. 어른들이 자기 집을 갖고 있듯이 아이들은 자기 교실에서 자기 자리를 갖고 지켰다.

그렇지만 알게 모르게 침범하여 투닥투닥 싸움이 벌어지곤 했다. 대개의 싸움은 여자애들이 울고 남자애들은 주먹을 쥐고 을러대는 것으로 끝나고 곧 잊어버렸다. 싸움은 아침에 책상 위에 책보를 풀 때와 공부가 끝난 저녁 때 책보를 쌀 때는 으레 자리마다 선생님 눈치를 피해가며 금을 넘어온 끝자락을 손으로 탁탁 밀어내며 팔꿈치로 쿡쿡 내지른다든지 책상 밑에서 발로 차는 것으로 시작되고 눈을 흘기다 끝난다. 문자는 제 연필을 꺼내서 내가 그은 금 옆에다 제 금을 그었다.

한 개의 책상에 두 개의 금이 한 뼘 넓이로 그어졌다. 그것은 안 되는 일이다. 대개의 남자애들은 여자애들보다 조금씩 제 자리를 조금 넓게 갖고 있다. 아버지가 집을 갖고 있고 우리 집 소도 아버지가 팔기도 하고 밭을 갈기도 하고 마음대로 부렸듯이 여자애들은 남자에게 순종하고 남자의 의견을 따라야 한다. 내 자리에는 내가 앉아 있었고 문자는 처음 왔으니까 당연히 내 자리가 더 넓어야 한다. 공부시간 내내 서로 책상에 그어진 금으로 넘어오는 것에 대해 선생님 모르게 밀치며 속앓이 싸움을 하고 있는 것을 아이들이 눈치껏 살피고 있다.

점심시간이 됐다. 높은 창문으로 선생님 머리가 교무실 쪽으로 사라지자 냉큼 일어나 주먹을 불끈 쥐고 문자를 노려보았다. 문자가 앉아서 째려본다. 머리통을 콱 쥐어박고 확 떠밀었다. 문자는 옆으로 떨어지면서 엉덩방아를 찧고 울기 시작했고 아이들이 우르르 모여 들었다. 싸움은 끝났다. 아이들이 각자 제 자리에서 꽁당보리밥을 얼른 먹고 운동장으로 나가 놀았고, 나는 선생님에게 불려가 대나무자 막대기로 손바닥을 불나게 몇 대 맞고 칠판 앞에 무릎 꿇고 앉아 점심시간을 보냈다. 다른 남자애들처럼 나도 책상을 조금 넓게 가져야겠다는 것으로 손바닥 몇 대쯤은 맞아야 하는 것이다.

저녁때 주보집으로 아버지 담배 심부름을 갔다. 가게 문을 열고 들어서자 문자 엄마가 문을 열고 내다보고 그 틈새로 문자 얼굴이 보였다. 겁이 덜컥 났다. 여자애들은 일르기쟁이고 억울한 얘기를 한껏 부풀려 사실보다 크게 엄살을 하는 경우가 많았으므로 머리통에 혹이 주먹만 하게 났다는 둥 의자에서 떨어지면서 궁둥이가 시퍼렇게 멍이 들었다는 둥 일러바치면 어쩌나 조마조마한데 문자가 '엄마' 하고 입을 뗀다.

담배를 받아 불안한 마음으로 돌아서는데, '재가 내 짝꿍이야' 하는 소리가 들린다. 올 것이 왔구나 하고 마음을 도사리는데 문자 엄마가 내 이름을 물으며 다가온다. 앞이 캄캄하다. 달그락 하는 소리가 들리고 문자 엄마의 손이 코앞에 가까이 왔다.

한참을 지나갔는데 머리를 쥐어박거나 야단치는 소리가 들리지 않아 눈을 떠보니 넓적한 손에는 미군부대에서 나온 빠작종이에 싸인 사탕이 놓여 있고 어서 받으라고 위아래로 흔든다.

문자는 아무 말 없이 삐끔이 열린 미닫이 문틈으로 내다보고 있다. 어색하게 받아서 쥐고 얼른 가게 문을 열고 후다닥 도망치듯 뛰다가 연못둑에서 한 알을 까서 입에 넣고 집으로 향했다. 사탕의 단맛보다 문자가 왜 엄마한테 이르지 않았는지 알쏭달쏭하다.

보건시간이다. 선생님은 보건시간이면 아이들 보고 나가서 운동을 하라고 한다. 아이들은 와아 소리를 지르고 우르르 운동장으로 나갔다. 보건시간이면 선생님은 손바닥을 책상 위에 딱 붙여 올려놓게 하고 손등의 때나 손톱의 길이를 검열하곤 했다.

농촌아이들은 손톱의 때를 걱정할 겨를이 없다. 쇠똥이 덕지덕지 붙은 고삐를 잡고 산비탈이나 개울둑에서 저녁나절이면 소풀을 뜯겨야 했고, 무심코 논둑길을 가다가도 자기 집 논둑에 쥐가 굴을 파거나 두더지가 쑤셔놓아 논물이 새면 스스로 알아 맨손으로 흙을 파다 넣고 발뒤꿈치로 꾹꾹 밟아 놓을 줄 알았다. 고구마나 감자를 잿불에 쪼줄러 손과 입이 재티로 범벅이 돼도 개의치 않고 서로를 바라보며 즐거워했다. 아이들 손은 늘 무엇인가를 만졌고 손톱 밑은 까만 때가 끼여 있었다. 보건시간이 되면 아이들 마음은 조마조마했다. 바깥 날씨가 고르지 않으면 손 검사를 하거나 이빨 검사를 하기 때문에 쥐죽은 듯 앉아서 선생님의 기분이 어떨지 눈치를 본다. 선생님의 기분에 따라서는 청소당번으로 남거나 항상 선생님 손에 붙어 다녀 길이 들어 윤이 나는 자막대기로 손등을 맞아야 하기 때문이다.

아이들은 손바닥 맞는 일에는 이력이 나 있지만 손등을 맞는 것은 두렵기 한이 없다. 마른 뼈 위에 가죽만 덮인 손등 위로 자 막대기가 '짝' 소리를 내는 순간, 이 세상의 어느 아픔보다도 진하여 앞자리에서 나는 소리만 들어도 뒷자리에 아이들은 저도 모르게 찔끔 오줌을 지리곤 했다.

선생님이 '운동장에 나가 놀아라' 하는 말로 이 모든 불안이 사라지고 선생님이 운동장에 나오지 않아도 아이들은 다시 들어오라고 할까봐 줄 맞춰 서서 준비체조를 하고 편을 나누어 놀이를 한다. 보건시간이 아닌 때에 여자애들은 고무줄이나 공깃돌 놀이를 하고, 남자애들은 말 타기나 편을 갈라 운동장에 진지를 그려놓고 진지를 뺏기 위해 쳐들어가거나 지키며 서로 당기고 밀치며 놀았다.

모처럼 운동장에서 하는 보건시간이므로 보건시간다운 운동을 해야 한다. 아이들은 자기의 키와 비슷한 아이들과 짝을 지어 가위 바위 보로 진 편, 이긴 편을 갈라 두 편으로 갈라 나누어 선다. 그러곤 미군이 휴식시간에 늘 하는 야구를 한다. 미군은 커다란 장갑을 끼고 딱딱한 공을 몽둥이로 휘갈겨 때리고 뛰지만 아이들에게는 큰 장갑이 없다.

가끔씩 콩밭에 떨어진 야구공을 주워오기도 하지만 딱딱해서 칠 수도 없고 미군처럼 장갑을 끼고 주고받을 수도 없다. 줍는 대로 집으로 가져가 낫으로 실밥을 뜯어내고 타래처럼 뭉친 실을 풀면 왕밤만 한 찰고무공이 나온다. 찰고무공은 통통 잘도 튀어 바람벽에 대고 던져서 튀어나오는 공받기 놀이를 혼자 해도 아주 재미있었다. 야구공을 풀어헤쳐 나온 작은 공을 불알공이라고 부른다. 불알 공을 왼손에 들고 눈높이만큼 올려 던졌다가 오른손 주먹으로 때려서 날리고 뛰는 놀이를 우리는 찜뽕이라고 했다.

덩치가 조금 큰 남자아이 차례다. 공을 받기 위해 아이들은 다른 때보다 운동장 멀리까지 뒤로 물러섰다. 아이는 왼손바닥에 받쳐 든 공을 눈높이보다 훨씬 높이 던져 올렸다. 덩치 값을 위해 멀찌감치 대기하고 있는 아이들보다도 멀리 쳐서 날릴 심산이다. 입을 옹다물고 휘두른 주먹에 맞은 공은 멋지게 멀리까지 날아갈 줄 알았으나 작은 공은 빗맞아 맨 앞에 있던 문자의 머리 위로 떨어졌다. 문자는 순간 만세 부르듯 양손을 받쳐 올리고 공을 바라봤다. 의외의 공으로 아이들은 깔깔거리고 웃었다. 공은 문자의 손바닥에 잡혀주지 않고 손바닥에서 다시 한 번 튕겨 빠져 나왔고 문자는 풀썩 주저앉았다. 그런데 주저앉은 문자의 치마폭으로 공이 툭 떨어졌다. 문자는 공을 높이 쳐들었다.

아이들은 공이 죽었다와 살았다로 두 패로 나뉘어졌다. 공을 친 남자아이가 대표가 되고 공을 받은 문자가 대표가 돼서 입씨름 끝에 남자 아이는 팔을 밀치고 대들었고 문자는 밀치는 팔을 잡아채며 뒤로 물러섰다. 순간 남자아이는 땅바닥에 엎어지고 문자는 남자아이를 피해 팔을 잡은 채 뒤로 몇 발짝 더 물러서는 바람에 남자아이는 배를 땅에 깔고 고무줄 넣은 검정 빤쓰가 벗겨지며 끌려갔다. 남자 아이는 후딱 일어서서 문자에게 발길질을 해댔다. 그러나 울 줄 알았던 문자는 앙칼지게 대들어 남자아이의 머리통을 감싸고 놓아주질 않았다.

운동장에서 아이들이 우왕좌왕 뭉쳐있자 교무실에서 유리창으로 내다보던 선생님이 문을 열고 소리를 쳤다. 우리는 단체로 책상 위에 무릎을 꿇고 둘이 앉는 의자를 한 끝씩 머리 위까지 치켜들고 벌을 섰다.

선생님은 싸움을 말리지 않은 우리를 더 나무랐다. 나는 싸움을 말리지 않은 책임보다 앞으로 보건시간에 운동장에 나가지 않고 손등 검사만 할 것 같아 더 많은 걱정을 했다. 그리고 시간이 갈수록 천 근 만 근 내리 누르는 의자의 무게를 문자는 어떻게 견디나 흘깃 봤다. 자기 때문에 우리 반 아이들이 벌 받는 게 미안했던지 아무렇지도 않은 듯 눈을 꼭 감고 버티고 있다. 싸움 잘하고 힘이 저렇게 센데 왜 나한테 맞고 울기만 했는지 모르겠다.

진달래가 지고 힘든 모내기가 끝나면 어른들은 쉴 겸 강가에서 물고기를 잡거나 개를 잡아 그동안 축난 몸을 보신하고 쉬는 날이 있었다. 오늘은 동네 아이들이 모여 천렵을 하기로 한 날이다. 또래래야 너덧 되는 아이들이 제만큼 약속된 대로 집에서 고추장이나 애호박 등을 가지고 모였다.

나는 밀가루 한 대접과 간장 한 종지를 주전자에 담고 주전자 꼭지에는 숟가락, 젓가락을 꽂아 강가에 있는 주먹바위 밑으로 갔다. 큰 바위가 주먹처럼 물가로 쑥 내밀어 그곳은 흐르는 물이 돌아들어 움푹 파여 시퍼렇게 깊었다. 바위 밑은 모래밭이고 그 아래 여울을 따라 자갈돌이 퍼져 있어 강고기가 많아 여름에 아이들이 물놀이와 고기잡이 장소였다. 내가 들고 간 주전자에는 아이들이 잡은 고기들이 담기기 시작한다. 유일한 여자인 문자는 큰물에 쓸려 죽은 버들가지 등 마른 나뭇가지를 주워다 불을 피운다.

찜뽕 싸움 후부터는 남자아이들 놀이에 스스럼없이 끼어든다. 한참 고기잡이에 정신이 없다 보면 아침에 먹은 밥은 다 삭고 출출해질 때다. 얕은 자갈밭에 고기를 쏟아 놓고 배를 가르는 동안 넓적한 돌 위에다 감자며 호박을 썰어 놓는다. 밀가루 그릇에 배 가른 물고기를 밀가루에 굴려 끓는 물에 집어넣으며 제만큼 간을 본다. 이것을 총 지휘하는 것은 아무래도 여자인 문자에게 맡긴다. 문자는 맨 나중에 달걀을 풀어 끓는 물에 붓고 휘휘 젓는다.

우리는 각자 가져온 그릇을 들고 먹기 전에 무엇이 빠졌나 의논을 한다. 어른들은 천렵을 할 때 술을 양동이에 담아 얕은 물에 담가 두고 마셨다. 술이 빠졌다. 술을 가져올 수 있는 사람은 주보집을 하는 문자밖에 없다. 아이들은 문자를 졸랐다. 문자는 엄마한테 혼난다고 들은 척도 안한다. 술심부름은 늘 아이들이 하는 것이니까 사오면 되지만 너나없이 농사짓는 집 아이들은 주머니에 돈을 넣고 다닐 일이 없다. 얼마라도 돈이 있을 법한 아이는 문자밖에 없다. 아이들은 문자를 둘러싸고 불쌍한 표정을 한껏 지으며 살살 꼬인다. 마침내 문자는 가게에서 잔 물건을 팔고 주머니에 넣어 두었던 돈을 내놓는다.

나는 빈 주전자를 들고 가서 문자 엄마한테 당당히 돈을 내고 술을 한 주전자 사들고 시침을 딱 떼고 집으로 가는 척 방향을 잡았다가 얼른 미루나무를 돌아 아이들이 기다리는 강가로 향한다. 몇 번 돌아서서 문자네 집을 흘깃 보곤 주전자 꼭지로 찰랑찰랑 넘치는 술을 입에 대고 몇 모금 쫄쫄 빨아 마시고 잰걸음으로 아이들이 기다리는 곳으로 개선장군처럼 갔다. 아이들은 만세를 부르며 솥단지에 붙어 있다가 일어선다. 침이 꿀떡꿀떡 넘어가는 물고기 푸럭국을 숟가락만 빨고 기다렸다가 어른들처럼 막걸리를 먼저 마시고 먹을 참이었다.

제만큼 집에서 가져온 그릇을 주욱 모아 놓고 공평하게 똑 같이 따라 붓는다. 넓적한 그릇도 있고 옴폭한 그릇도 있다. 일차

눈대중으로 따르고 손대기 전에 좀 적은 듯한 곳에 조금 더 따르고 하며 누가 더 많거나 누가 더 적다느니 한참을 실랑이 한 뒤 공평하다 싶은 때 술이 담긴 그릇을 들고 벌컥벌컥 마신다. 뙤약볕에 물고기 잡고 불 피우며 떠들어 댔으니 목도 마르고 허기도 졌다. 꿀물이나 되는 양 씁쓸하고 싸한 막걸리를 마셨으니 기운이 솟는 듯도 하고 어른들 흉내에 모두들 우쭐해졌다. 단숨에 들이킨 빈 그릇에 조롱박 바가지로 똑같이 국을 퍼 담고 솥단지 바닥이 보일 때까지 퍼 먹는다.

불이 삭고 빈 솥단지가 식어진 것을 물에 담가 놓고 모래밭에 벌러덩 누워 하늘을 본다. 하늘이 푸르다. 눈이 부시다. 살갗에 닿는 모래는 따뜻하고 편안하다. 목화솜을 풀어 헤친 솜이불같이 아늑하고 이마에 내려 쪼이는 햇볕은 퉁퉁 불은 배에 막걸리 기운을 돌려 불과한 얼굴에 졸음을 불러온다. 강여울 소리가 잠을 재촉하고 꼬까물떼새 울음이 아득하게 들린다.

혜숙이가 그네를 탄다. 희끄무레한 깡통옷에서 두 발이 앞뒤로 왔다 갔다 한다. 맨발이다. 늘 그랬던 것처럼 미꾸라지 집 위 넓적 돌에 있어야 할 신발이 없다. 혜숙이의 신발이 개울물에 멀리 떠내려가기 전에, 혜숙이가 눈치 채고 울기 전에 찾아야 한다. 나는 내 고무신짝에 잡아들고 있던 미꾸라지를 팽개치고 개울물을 따라 첨벙거리며 뛰어간다. 뒤에서 혜숙이의 비명 같은 울음소리가 들리고 내가 개울물 속을 철벙거리며 뛰는 소리가 이상하게도 우리 집 소가 추운 겨울날 쇠죽 쑤는 가마에서 금방 퍼다 준 구유의 여물을 안개 같은 콧김으로 푸우푸우 내불며 긴 혓바닥으로 콩깍지를 감아 돌아 씹는 소리처럼 들린다.

개울물을 따라 뛰는 내 다리가 영 신통치 않게 움직인다. 오줌보가 통통 불어 거북스럽고 고추가 발딱 서 성을 낸다. 오줌부터 누어야겠다.

잠이 깼다. 아이들은 엎어져 자는 놈, 모로 자는 놈, 만복에 막걸리에 취하여 제 편한대로 모래밭에 널브러져 잔다.

눈을 비비며 강둑 쪽으로 돌아서서 고추 끝이 찌릿하도록 힘을 주어 오줌을 갈긴다. 그런데도 혜숙이의 울음소리와 내가 철벙거리고 뛰는 물소리가 너무나 생생하게 들렸다. 오줌을 갈기며 뒤를 돌아보았다. 문자가 주먹 바위 밑 움푹 파여 물이 휘도는 곳에서 허우적거리고 있다. 엎어져 자는 놈의 옆구리를 걷어차고 '어어' 소리치며 물 속으로 뛰어 들어갔다. 강가가 놀이터인 아이들은 물을 무서워하지 않았다. 남자아이들은 제 키가 넘는 곳에서 가위 발차기와 양팔을 번갈아 물 밖으로 휘둘러 치는 헤엄으로 빠르기 시합을 주로 했지만 여자애들은 제 발이 물 밑에 닿는 깊이에서 주로 개헤엄을 치며 놀았다. 아이들은 헤엄에 지치면 바람을 잔뜩 가슴에 부풀려 마신 다음 벌렁 드러누워 발만 슬쩍슬쩍 움직여도 물에 떠서 쉬는 요령을 알고 있다. 가끔 물속에서 쥐가 나도 어디쯤 떠내려가면 발이 닿는지 훤히 물 밑을 알았다. 장난삼아 물에 빠진 흉내를 내도 진짜로 물에 빠져 죽으려니 하는 생각은 아예 없었다.

문자는 심심했다. 주먹바위에 올라 앉아 흐르는 강물에 쓸리며 반짝거리는 모래와 모래톱에 바쁘게 헤엄치는 피라미나 뿔을 뻗치고 느릿느릿 기어 다니는 다슬기를 쪼그려 앉은 무릎에 턱을 받치고 내려다 봤다. 시간은 정지돼 있고 강물만이 흐른다.

남자애들은 배부른 강아지 모양 솥단지 주변에 널브러져 있고 아무도 문자에 대해서 관심을 가져 주지 않는다. 꼬부린 무릎 아래 발이 저려 왔다. 기지개를 켜며 일어섰다. 오줌이 마렵다. 아무도 관심이 없다지만 여자아이가 사방이 훤히 트인 톡 불거진 주먹바위 등에서 오줌을 눌 수는 없다. 그렇다고 앞 다리를 휘두르는 사마귀나 징그러운 뱀이 스르륵 기어 다닐지도 모르는 강둑의 풀숲을 헤집고 들어가기도 싫다.

아이들이 있는 반대쪽 비탈진 바위 위에 서서 휘이 둘러보며 엉덩이를 까고 앉는 순간, 땀이 차 끌적거리는 고무신에서 맨발이 미끄러지며 강물로 풍덩 떨어졌다. 물 한 모금 꿀떡 마시고 개헤엄을 치려고 팔을 긁어모으며 발로 물장구를 쳤지만 발목에 걸린 속옷이 물귀신처럼 들러붙어 놓아주질 않는다. 덜컥 겁이 났다. 휘감긴 다리는 자꾸 물속으로 가라앉고 팔을 허우적거릴수록 입으로 코로 물이 넘쳐 들어온다. 코 속으로 들어온 물은 매캐하게 재채기를 일으키고 눈물이 앞을 뿌옇게 흐리고 재채기로 입을 벌릴 때마다 숨을 쉴 수 없게 목구멍으로 물이 넘어 들어온다. 야단치는 엄마의 목소리가 들리고 몸이 물속으로 가라앉았다.

'철푸덩, 철푸덩' 누군가가 뛰어오는 소리가 물을 타고 들려온다. 순간 귀신이 잡고 놓아주지 않던 발목이 편안해졌다. 무엇이 손에 잡힌다 싶어 발을 내려 디뎠다. 모래가 밟혔다. 고개를 번쩍 쳐들어 숨을 들여 마신다. 턱까지 물이 찰랑거렸다. 발끝걸음으로 둥둥 떠다니듯 물가로 간신히 나왔다. 울기부터 해야겠는데 모래밭에서 남자 아이들이 소리소리 지르거나 고개를 위 아래로 흔들며 손뼉을 치고 웃는 모습이 눈에 들어왔다.

죽을 줄 알았는데 살았다는 안도감과 함께 남자아이들이 빤히 보는 앞에서 몹시 창피했다. 잡혔던 손을 홱 뿌리치고 물가로 찰방거리고 나왔다. 몹시 배가 부르고 토하고 싶었다. 뿌연 물이 코로 입으로 넘쳐 나왔다. 코를 팽 풀고 눈물을 닦고 조금만 울었다. 남자아이들 눈치 못 채게 '흐흐흑' 숨 몰아쉬듯 속으로 감춰 울다가 무엇인가 아무래도 허전했다. 아까 전까지 허우적거리던 물을 바라본다.

물귀신처럼 휘감고 놓아주지 않던 하얀 속옷이 게으른 흰나비 날듯 너울거리며 물속을 맴돈다. 속옷을 안 입었다는 창피함보다도 저것을 건지러 물속으로 들어갈 용기가 나지 않았다.

'흐흐흑' 또 다시 울음이 나왔다. 남자아이들은 아무도 문자의 속옷을 건지러 들어가지 않는다. 서럽다. 참을 수 없이 서러워 통곡을 했다. 계집아이가 속옷을 잃어버리고 집에 갔다가 야단맞을 일이 캄캄하다. 돌아서서 더욱 크게 운다.

한참을 그렇게 울다 뒤를 돌아보니 아이들은 물가에 서 있고 허우적거릴 때 잡았던 손이, 장맛물에 쓸려 껍질이 벗겨져 하얗게 마른 버드나무가지 끝에 속옷을 꿰어 들고 나와 우는 문자 앞에 깃대처럼 꽂아놓고 돌아섰다. 물이 뚝뚝 떨어지며 축 늘어진 흰 속옷은 미군부대에서 본 영화의 한 장면에서 깃털모자를 쓰고 활을 쏘던 남자가 패배를 인정한 막대 끝에 힘없이 매달린 흰 천처럼 축 처졌다.

아이들의 계산은 빠르다. 문자가 낸 돈으로 막걸리를 샀다는 사실과 그 막걸리를 함께 마신 공범이었으므로, 문자가 물에 빠져 죽을 뻔했다는 사건은 아이들만의 비밀로 감췄다. 집으로 돌아간 아이들은 고기를 많이 잡았다는 둥 기막히게 맛이 있었다는 둥 그런 이야기만 제 동생이나 어른들한테 자랑스럽게 이야기했다. 그래야만 다음 천렵 때도 자유스럽게 허락받을 것을 알고 있었다.

아침부터 잔뜩 찌푸렸던 하늘은 저녁때 학교가 끝나고 집으로 가는 길에 기어코 심술을 부려 추적추적 비를 내렸다. 종례를 하고 청소당번이 되어 청소를 끝내고 선생님의 검사까지 기다리다 보면 선생님의 퇴근시간이나 돼야 그제야 생각난 듯 '가' 하는 소리를 듣고 교문을 나선다. 담요로 만든 까만 모자를 눌러 쓰고 무거운 책가방을 한쪽 팔로 기우뚱 하니 든 채 십 리 길이 넘는 집을 재촉해 걷는다. 골목길을 벗어나 공동묘지 고개를 넘어설 때는 벌써 어둑어둑해진다. 저녁 비는 흔히 안개까지 뿌유스름하게 피우며 을씨년스럽게 내린다.

신작로 가의 미루나무 둥치 속 썩은 굴속에서 굼벵이가 싸 놓은 똥이 풀어져 불그스름하게 죽은 사람 피 모양 배어나오고 빗물 먹은 잎에서 굵은 물방울이 후두둑 떨어져 앞뒤로 내젓는 손등이나 얼굴에 떨어지면 섬찟섬찟 무서움을 더하게 한다.

산돼지 같은 땅땅한 청년이 남의 땅을 얻어 부쳐 참외와 수박을 한 리어카 싣고 새벽 장에 팔러 가다 군인 트럭에 머리가 갈리어 죽은 곳이 휘이 돌아간 커브길 묵은 고목 미루나무 밑이다.

아침 학교 가는 길에 거적에 싸인 시체가 있었고 터진 뇌수와 핏물이 박살 난 수박과 참외가 뒤엉켜 온통 살점과 피범벅처럼 길을 덮었던 곳이다.

열흘 후 알록달록한 옷을 입은 무당이 방울을 흔들며 칼춤을 추고 분명하지 않은 소리를 중얼거리다가 갑자기 '어 허이' 하고 소리를 지르며 허공을 칼로 찌르고 광목천을 썩뚝 썩뚝 자르던 곳이다. 비 오는 어둑어둑한 저녁 안개 속에 버티고 서 있는 미루나무 둥치는 오도 가도 못하고 서 있는 수퇘지같이 땅땅한 청년의 몸뚱이로 '흐흐흑' 흐느끼는 울음소리가 들리는 것 같았다.

신작로에 들어서는 입구에 문자가 서 있다. 남자학교와 여자학교가 따로 분리돼 있어서 남자학교보다 조금 더 먼 여자학교에 다니는 문자는 늘 나보다 먼저 이곳을 지나가거나 하루에 몇 번밖에 다니지 않는 완행버스를 타고 다녔으나 무슨 일로 오늘같이 비 오는 날 저녁 길을 걸을 작정을 했는지 모르겠다.

문자는 아무 말 없이 두어 발자국 앞서 걷는다. 무서운 밤길은 뒤에서 걷는 것보다 앞서 걷는 것이 덜 무섭다. 앞에 있는 귀신은 내 눈으로 보지만 뒤따라오는 귀신은 볼 수 없어 뒤로부터 어떤 일을 당할는지 몰라 무서운 곳을 갈 때는 늘 뒤꼭지가 근질근질하고 머리가 곤두서 뒤가 켕기곤 한다.

앞선 문자의 궁둥이가 펑퍼짐하다. 옛날 물항아리에 엎어 놓은 작은 물바가지 같았던 거울에 비친 혜숙이의 맨살 궁둥이가 생각난다. 이상하게도 혜숙이의 얼굴을 아무리 생각해도 기억이 나지 않는다. 그네에 올라 앉아 아무 뜻도 없이 흥얼거리던 노랫소리만 귓가에 남아있다. 나는 뜻도 없는 노래를 입속으로 부른다.

문득 앞서가는 문자가 혜숙이인지 혜숙이가 문자인지 구분이 안 간다. 지금쯤은 교복을 입은 여학생일 터인데 얼굴이 생각나지 않으니, 어둑한 집으로 가는 길에 뒷모습만으로도 작은집 사랑방으로 가는 혜숙이라면 콧노래를 부를 터인데 그 노래를 나만 혼자 흥얼거리고 있다. 나는 빳빳하게 풀 먹여 다린 흰 칼라에 비 맞지 말라고 손수건으로 덮어 두른 문자의 목덜미를 훔쳐

보며 중얼거리듯 입을 다문 채 노래를 한다.

문자는 옆에 따라붙은 나를 보며 "비 맞고 걷는 게 넌 좋으니?" 하고 묻는다. 대충 "으흥" 대답하고 문자의 걸음에 보조를 맞춰 준다. 사실 나는 훨씬 빨리 걷거나 뛸 수 있었으나 혜숙이의 노랫가락에 그네 타듯 걷고 있다.

까까머리 득실대던 교실에서 졸업을 했다. 졸업장을 말아 쥐고 나와서 갑자기 갈 곳이 없다. 학교가 끝나면 늘 어두워야 집으로 가는 길인데 훤한 대낮에 이제는 더 올 필요도 없는 학교에서 곧장 집으로 간다는 게 왠지 허전하다.

군대를 가기 위해 신체검사 통지를 받은 아이도 있고 말단 서기에 응시원서를 낸 아이도 있다. 대학에 응시해 낙방한 아이건 우등상을 받은 아이건 우 몰려나와 끼리끼리 여남은 명씩 몰려서 웅성댄다.

시장에서 장사를 하는 현금에 좀 여유가 있는 집 아이들은 꿈의 맛 자장면을 먹으러 가는 패거리거나 승부를 가릴 찐빵 집으로 몰려가고 그 패에 끼이지 못한 나는 새벽같이 일어나 통학길을 걷던 집 먼 아이들끼리 모여 뭔가 허전하고 아쉬워하는 틈에 끼었다. 외곽에서 통학하는 아이들은 대개 집에서 농사를 지었고 자장면이나 찐빵보다는 농사일을 거들며 먹던 막걸리에 익숙한 아이들이다. 주춤주춤 교문 앞 언덕을 내려와 늘 그냥 지나쳤던 술집 앞에 다다랐다.

교복에서 명찰을 잡아떼고 졸업장을 둘둘 말아 주머니에 찔러 넣고 기웃기웃 술집 안으로 들어섰다. 안마당에는 강가에서 호박돌을 주워다 둥글게 테를 쌓은 화단에 지난해 피었던 색 바랜

맨드라미나 백일홍이 정리를 하지 않은 채 모가지가 부러져 있거나 자빠져 있고, 키 높이쯤에 늘어진 빨랫줄에 아직 덜 마른 수건과 여자들 속옷이 걸려있다.

인기척에 안방 문이 열리고 영업시간이 아직 이른데 뭔 일이 났는 듯 내다본다. 열린 문 안쪽에서 여자들이 파마머리에 분홍색 플라스틱 머리 감개를 잔뜩 매달고 내다본다. 문을 연 주인여자의 팔 밑으로 빼끔히 내다보던 동그란 얼굴의 여자가 금방 알아차렸다는 듯 "어머, 오늘 졸업했구나" 하며 마치 오래전부터 알던 친한 친구처럼 떠들어 댄다.

방안에서 부시렁 거리는 여자들의 낌새가 들리고 주인여자가 "햇손님이니 잘 모셔야지" 하며 사랑방 문을 열어준다. 도둑질하듯 어색하게 방에 들어섰다.

대폿잔으로 몇 잔 먹고 갈 심산인데 주인 여자가 상을 펴고 흰 모조지를 상 위에 덮어 폈다. 불안한 마음으로 아이들은 서서 눈치만 보았다. 그 사이 부엌에서는 칼도마 소리가 들리고 새색시같이 화려한 한복을 차려 입은 여자들이 빨간 입술을 오물조물하며 방안으로 들어와 서 있는 아이들을 잡아 앉힌다.

장날 저녁 늦게 술집에서 젓가락 장단에 맞춘 노래나 여자들의 웃음소리는 들었지만 실제 술집에 들어와 여자들과 술상을 마주해 놓고 앉기는 처음이다.

교복에서 명찰을 떼어서 호주머니에 넣었다고 해서 몇 시간 전의 학생에서 금방 떡거머리 총각이나 아저씨가 된 기분은 아니었으므로 새색시 같은 여자 앞에서 주눅 들고 쑥스럽기는 너나없이 마찬가지였다. 미역무침에 물오징어를 삶아 초고추장이 상에 오르고 사발 대신 사기술컵에 막걸리가 찰찰 넘치게 따라진다. 어색한 시간을 때우듯 몇 순배 벌컥벌컥 마셔댄다.

졸업을 위한 3년의 기다림보다 졸업식장에서 끝도 없이 이어지던 축사의 지루함을 떨쳐 버리듯 마침하게 출출한 빈 뱃속에서 알코올 기운이 퍼지며 해방감 같은 편안함과 여자의 넓은 한복 치마에 덮인 무릎의 아늑함으로 젓가락을 두드리며 노래를 불렀다. 졸업 후의 진로가 불확실한 만큼 인생은 나그네 길로 시작되는 하숙생을 열 번도 더 불렀다. 여자들이 부를 때는 하이톤으로 꺾어 올림의 굴곡이 기술적으로 멋이 들어져 빨간 눈에 눈물 고이듯 불렀고, 아이들은 굵은 바리톤에 배 아픈 황소가 울듯 제만큼 가락이 맞지 않는다.

앞에 앉은 여자가 노래를 한다. 나는 술을 또 마신다. 해가 지는지 방 안이 어둑어둑해진다. 고개를 뒤로 젖혀 술잔을 꺾고 내려놓는 손을 옆의 여자가 가만히 잡는다. 나는 가만히 있는다. 여자의 손은 따뜻하다.

나는 여자를 의식하며 손을 잡아본 적이 없다. 비 오는 날 문자의 목덜미를 훔쳐보면서도 손을 잡지 않았다. 그저 그렇게 멀찍이서 바라만 봤지 더군다나 지금처럼 새색시 같은 여자의 손이 내 손에 닿으리라고는 생각해본 적이 없다. 뿌리칠 용기는커녕 다른 아이들 눈치 채이지 않게 가만히 있을 수밖에 없다.

처음으로 고개를 돌려 옆의 여자를 살펴본다. 어둑한 방 안에 도톰한 입술과 그리움 같은 눈망울이 왁자지껄한 노래의 젓가락 장단과는 별개로 둥둥 떠 있다.

여자의 손은 회상의 손이었다. 그것은 교복에 대한 회상이었고 잊고 있던 부러움에 대한 되새김이었다. 여자는 더 없이 소중한 것을 감싸듯 두 손으로 내 손을 감싸 쥐었다. 어둠이란 비밀스러운 것이다. 그 비밀이란 시끄러운 것과는 별개로 만들어진다. 치마폭에서 가만히 들어 올린 손은 저고리 앞섶에서 멈추어지더니 살그머니 젖가슴으로 밀어 넣는다. 젖무덤은 장작불처럼 화끈화끈하다.

어렸을 때 잠들기 전 만지던 할머니 젖은 늘 물컹거렸는데 탱탱 튀는 풍선같이 탄력이 느껴진다. 손가락 사이로 젖꼭지가 스치는 감각이 혓바닥에 곶감 씨 걸리듯 매끄러우면서도 유연하다. 그것은 있으면서도 적당히 감추어져 있어 애를 태우는 존재로 숨었다 나타났다 하며 폭탄의 뇌관처럼 조심스럽고 신기하다.

누군가 문을 열었다. 방 안의 어둠이 밖의 밝음으로 문가에 있던 스위치가 보였다. 스위치로 올라가는 손을 보며 싸움에 진 수탉이 목을 움츠리듯 손을 거둬들였다. 손은 아직 젖무덤의 촉감이 남아 있다. 여자의 젖무덤과의 싸움에 진 내 손은 오므라든 채 펴질 줄 몰랐고 여자의 젖가슴은 더 자랑스럽게 앞으로 솟았다. 혜숙이의 그네가 매달려 있던 아카시아나무의 만발한 꽃향기가 여자의 목덜미에서 훅 풍겨 나왔다.

일어섰다. 둘둘 말아 넣었던 졸업장을 한데 모아 주인여자에게 주었다. 삼 년간 새벽밥 먹고 줄기차게 걸어 다녀서 받은 증서는 그렇게 해서 외상 술값으로 남겨두고 떼어낸 명찰을 주머니 속에서 만지작거리며 어두운 밤길을 걷는다.

신작로에 군트럭이 먼지를 일으키며 지나가고 군인 트럭 적재함에 철모를 쓰고 잔뜩 웅크린 졸병이 어디론지 실려 간다. 철모 아래 군인의 얼굴은 보이지 않는다. 보이지 않아도 나는 안다. 조금 전까지 술 마시고 노래 부르던 아이들이 머지않아 철모가 되어 잔뜩 웅크린 모습으로 각자가 갈 것을 안다.

이제까지 마셨던 막걸리를 신작로가에 둥치가 다 썩어 뻘건 물이 줄줄 흐르는 껍질만 남은 미루나무에 토해냈다. 오물은 나무둥치 구멍에서 넘쳐 오래 신어 너덜거리는 꺼먼 운동화를 적신다. 이른 쪼각배 달이 서쪽하늘에서 눈물을 떨군다. 까닭 없는 눈물은 드문드문 별이 되어 빛난다.

각자 제집으로 찾아 걷는 아이들은 방향이 다르듯이 달이 운 눈물의 노란별을 제만큼 가슴 저리도록 울며 가고 있을 것이다. 그 울음은 자장면의 포만이나 찐빵의 단팥 맛보다 씁쓰름한 막걸리에서 우러나는 서러움 같은 것이며, 아침저녁 줄기차게 걷던 길에서의 놓여남보다 불확실한 앞날의 암담함으로부터 배어나오는 어떻게 저항할 수 없는 무기력한 절망이었다.

쌀푸대처럼 실려 간다. 사고력이 없는 쌀푸대는 아무렇게나 쌓여 어디로 가든 상관하지 않는다. 흙먼지를 뒤집어 쓴 쌀푸대는 잘 들리는 귀가 열려 있다. 집합 명령을 알아듣고 훈련 잘된 개가 되어 신속하게 움직인다.

명령에 복종하도록만 입력된 프로그램에 의해 표정이 없다. 표정 없는 얼굴에서는 빛이 나지 않는다. 꿈을 꿀 자격이 없기 때문에 꿈꾸는 눈이 없다. 다만 모든 게 잠든 깊은 밤 산비탈의 교통호 초소에서 야간 경계를 할 때 충실한 개이면서도 인간이었던 것을 되새김한다. 철모에 찬 서리가 내리고 으스스 추워 오줌이 마려울 때 총을 내려놓고 바지 앞섶을 열어 오줌을 시원하게 내갈기곤 몸을 지려 추스르고 별이 총총한 하늘을 올려다보며 인간이었던 것을 느낀다.

추운 날일수록 별은 많아지고 밝게 빛난다. 동서남북 하늘 끝이 모두 별이다. 깜깜한 밤에 내 것이 분명한 내 손을 내가 보지 못하듯 들고 있는 총이나 머리에 쓴 철모는 아무 의미가 없다. 오직 보이는 것은 별뿐이므로 나는 별이 된다. 별이 되지 않고서는 나라는 존재를 의식할 수가 없다. 별이 되기 위해 하늘에 오른다. 하늘에 오르는 나는 다른 별처럼 빛나기 위해 눈물이 맺혀야 한다. 눈물 없는 별은 빛나지 않는다.

얼굴이 기억나지 않는 혜숙이의 잃어버린 신발을 찾아 혜숙이 대신 울어야 한다. 그 울음은 졸업하던 날 처음 만졌던 여자의 젖꼭지 모양 따뜻하고 포도 알처럼 동그랗게 굴러 입속으로 들어온다.

내 눈물이 별이 되어 빛나는 것을 나는 보지 못한다. 마치 반딧불이 제 꽁무니 빛은 보지 못하고 남이 내는 빛에 반해 좇아가듯이 얼마큼 아름답다거나 또는 슬프게 빛나는지 알지 못한다. 어둠 속에서 나는 혼자이므로 수없이 많은 별들 중에 하나쯤의 외로운 별이다. 하늘에 오르지 못한 별은 도중에 긴 꼬리를 끌며 유성이 되어 떨어진다. 떨어지는 유성은 몸서리치는 비명이 없다. 떨어짐은 경쾌하고 아름다우며 흔적 없이 소멸된다. 소멸되는 것에 대해서는 아무도 기억하지 않는다. 나는 유성이고 싶다. 한 번의 경쾌한 추억으로 여기 있는 존재를 지우고 싶다.

별은 차츰 빛을 잃어 가고 유성도 자취를 감추며 새벽안개가 피어오른다. 입가에 흐르던 눈물은 찝질한 맛을 남기고 나는 유성이 되지 못하고 한 마리 훈련된 개로 서 있다.

내가 지켜야 할 것들은 산등성이에서 내려다보이는 나무이거나 무덤이 있는 땅이거나 끝없이 흐르는 개울물로 아무도 훔쳐

가거나 빼앗으러 오지 않았다. 늘 거기 그대로인 것을 지켜야 한다. 아무도 어떻게 하여 가져갈 수 없는 것을 지켜야 하는 운명 아닌 슬픔으로 짖기를 거세당한 개는 빛나는 눈동자가 없다.

발령장을 이불갈피에 펴놓고 옷가지와 함께 보따리를 싸서 집을 나선다. 이제 정식으로 집을 떠나 한 사람의 몫으로 출발을 한다. 보따리를 따라나선 강아지는 무엇이 좋은지 앞서거니 뒤서거니 껑충껑충 뛰며 작은집 앞 도랑물을 건너 뛸 때까지 쫓아오고 꾸부정한 어머니는 삐뚜름한 사립문을 붙잡고 연못 둑을 지나 내가 돌아볼 때까지 그대로 서 있다.

멀어서 어머니 표정은 안 보이지만 늘 머리에 쓰던 흰 수건이 안 보이는 것으로 보아 몇 모금 숨을 들이 쉬고 흐려진 눈을 닦았을 것이다. 자식들이 하나 둘 떠남의 섭섭함보다 방이건 마당이건 가득하던 식구들이 비어 갈수록 외로움이, 아들을 떠나보내고 돌아서는 집안이 텅 빈 헛간처럼 공허함 때문일 것이다.

버스의 운전수 옆 본네트 위에 이불보따리를 얹고 내 키보다 낮은 버스 천정 때문에 꾸부정하게 걸어 들어가 뒷좌석에 앉는다. 출발시간이 임박하자 친정집 다녀오는 새댁이며 소 팔고 낮술에 불과한 얼굴의 핫바지에 중절모 등 아저씨나 조카로 불리는 사람들이 미어지게 탔다.

하루 두 차례 다니는 완행버스는 털털거리며 삐걱삐걱 출발하고 콩을 몇 말 팔아서 비누를 몇 장 샀다거나 참한 색싯감을 중매하거나 신품종 볍씨를 토론하는 소리가 보따리 보따리 무릎에 얹은 자반 비린내에 섞여 쉬임 없이 계속되고 힘겹게 내뿜는 버스 뒤꽁무니의 시커먼 연기만큼이나 무궁무진 계속된다. 버스는 가다 서다 할 때마다 하나 둘씩 내려놓거나 태우고, 승객이 바뀔 때마다 소리 지르듯 수인사가 오가고 천장 구석의 꺼먼 스피카에서는 찢어지는 노래가 반복해서 흘러나오며, 중절모는 삐뚤어진 모자로 코를 골고 중년 아낙은 쉬임 없이 떠들어 댄다.

버스가 덜컹덜컹 돌을 타 넘으며 말 뛰듯 흔들고 고개 마루를 향해 힘겹게 들어서자 그렇게 시끄럽던 버스 안이 공동묘지 들어서듯 조용해진다. 우마차로 볏섬이며 나뭇단을 싣고 나르는 농촌 사람들은 고갯길 오르는 힘든 소를 안다. 쓸데없는 잡소리의 시끄러운 무게에 버스의 엔진이 힘겨워 지치면 가파르게 구부러진 오르막 커브길을 차에서 내려 걸어 올라가야 하기 때문이다.

버스 안에 탄 사람들은 마음속으로 버스가 털털거리며 계속 올라가주길 바라며 입을 다물고 엔진소리에 귀를 기울이고 기도를 한다. 이때만큼은 사뭇 숙연해지고 술 취한 중절모도 모자를 바로 쓰고 옷자락을 단정히 한다.

털털거리던 버스의 앞바퀴가 돌에 튀듯 몇 번 껄떡거릴 때마다 짐이며 사람이 뒤로 쏠리는 듯하더니 고개 중반에서 버스는 숨을 멈췄다.

차문을 열고 조수가 날렵하게 뛰어내려 뒷바퀴 밑에 큼직한 돌을 괸다. 가끔씩 있었던 일이므로 사람들은 터진 창자에서 기어 나오듯 버스에서 나와 웅크렸던 몸을 펴고 담배를 피우며 차 밑을 기웃기웃 보기도 하고, 차가 힘겨워 멈춰 선 것은 내 탓이 아니라는 듯 서쪽 산등성이에 걸린 낮달을 쳐다본다.

숨을 멈춘 버스는 무기력하다. 마차를 끄는 힘든 소가 쉬기를 기다리듯 사람들은 옹기종기 모여 잠시 멈췄던 이야기를 도란도란 계속하고, 뿌연 김을 내뿜는 엔진을 열어놓고 가래침을 내뱉으며 운전수와 조수가 이것저것 틀고 빼고 뚝딱거린다.

낮달 옆에 별이 보이고 어둑어둑해진다. 산 넘어 집이 있는 사람은 짐을 챙겨 떠나고 종착역까지 갈 길이 먼 사람만 남아 버스가 살아나길 기다린다. 어쩌다 운 좋게 고개를 넘나드는 트럭을 만날지도 모르는 기대를 하지만 산판 나무를 잔뜩 실었거나 대처로 죽으러 가는 늙은 소가 울며 가는 차밖에 없다. 자연스레 처음 보는 사람에게 통성명이 오가고 이야기가 이어진다. 여자들은 뉘 집의 이모, 고모를 따지고 얘깃거리가 궁한 남자들은 군대시절로 화제가 바뀐다.

사방이 어두워지고 얼굴의 분간이 어려워질 때쯤 버스는 살아나고 가스 찬 배에서 급한 방귀 내뿜듯 요란하게 붕붕거리곤 불을 확 켠다. 사람들은 손뼉을 치고 버스에 올라탄다. 보이는 것이라곤 구부러진 길밖에 없는 곳을 고물버스는 라이트를 비치며 갈팡질팡 냅다 달린다. 도착시간에 쫓길 일도 없지만 고장 났던 것에 대한 분풀이를 하듯 달리는 차의 뒷좌석은 텅하고 솟을 때마다 튄 엉덩이가 다시 의자에 닿기 전에 또 튀어 오른다.

달리는 차 속에서 아무도 말하지 않는다. 시커먼 스피커도 잠잠하고 오직 비명 같은 엔진소리와 바퀴에서 튕겨나가는 자갈돌의 다급한 부딪침이 어둠을 향해 내달린다.

종점에 도착했다. 버스 라이트에 빨간 글씨의 담배 마크가 보이고 엔진소리에 미닫이문이 열리며 호롱불이 가게 안을 밝힌다. 차에서 내린 사람들은 열흘 치 피울 담배를 한꺼번에 사고 장에 갔다 온 정보를 주섬주섬 뱉어 놓고 각자의 집을 향해 어둠 속으로 익숙하게 사라진다. 학교가 있는 곳을 묻는 내 물음에 가게 주인이 가리킨 손가락 끝 방향은 어둠에 묻혀 아무것도 보이지 않고 귀로 듣는 길은 느티나무를 돌아 주욱 따라 올라가면 언덕 중턱에 학교가 있단다.

이불 보따리를 둘러메고 초행의 어두운 밤길을 밟음 밟음 내딛는다. 언덕길을 오르는 길은 굵직굵직한 산돌이 박혀 있어 장판지 풀칠하듯 발바닥으로 쓸어보고 한 발 한 발 내딛어야만 방향을 제대로 잡아 넘어지지 않고 갈 수 있다. 한참을 헤매며 올라가자 어둠 속에 허여스름한 건물 윤곽이 보이고 한쪽 귀퉁이 끝 쪽에서 불빛이 보인다.

희끄무레한 교문 기둥을 돌아서 운동장을 가로질러 불빛이 새나오는 집 앞에 섰다. 문이 열리고 남자가 내다본다. 숙직실이다. 드디어 집 떠나 첫날밤 지낼 곳을 찾아왔다.

양지 녘에 홑잎순이 돋고 진달래가 피었다. 바위를 삐죽삐죽이고 있는 앞산이 해 질 녘 역광으로 온통 진달래의 분홍빛으로 물들었다. 겨우내 쇠죽 쑤는 아궁이의 나뭇단으로 깎여 나간 산은 키 작고 볼품없는 진달래 그루터기만 남아 쇠 젓가락 같은 가지 끝에 사춘기 순정 같은 꽃망울을 달아 여기저기서 봄바람 시샘하듯 다투어 피었다. 아이들이 고향의 봄노래를 부른다.

나의 살던 고향은 꽃피는 산골
복숭아꽃, 살구꽃, 아기 진달래…

노랫말이 실감난다. 울타리 밑에 핀 노란 개나리보다는 개복숭아꽃이나 진달래의 분홍색이 마음 설레이게 한다. 이 설레임이 푸른 하늘 밑 앞산 뒷산 눈 닿는 곳에 가득하다. 햇송아지

머리 위로 나비가 날고 볼품없는 파꽃 위에도 벌들이 붕붕댄다.

나는 봄의 너그러움을 병처럼 앓는다. 가사 없이 흥얼거리던 혜숙이의 노래와 물에 빠진 문자가 간신히 기어 나와 모래밭에서 흑흑 흐느끼던 울음과 졸업식 날 처음 만졌던 술집 여자의 젖꼭지를 모두 합쳐 하나로 조합한다. 조합된 그리움을 그림으로 그릴 수 없다. 그것은 마치 르느와르가 그린 선이 불투명한 안개 속의 파스텔화같이 한없이 아늑하고 포근하지만 꿈꾸듯 불투명하여 아무리 마셔도 배부르지 않은 공기처럼 가슴 한구석을 늘 차지하고 왕겨불에 얹어 놓은 쑥 연기 피듯 한이 없다.

구멍가게에서 소주를 한 병 사 뒷주머니에 찔러 넣고 하숙집 부엌에 들어가 부뚜막에 놓여있는 간장 종지를 들고 나온다. 나는 병을 치료해야 한다. 뒷산을 오른다. 석양에 마지막까지 불타는 낙타 등 같은 곳에 올라앉는다. 저 아래 강물이 꾸불꾸불 흘러가고 고물버스가 먼지를 일으키며 멀어지고 있다. 멀리 보이고 멀어지는 것은 아쉽고 그리움을 남긴다.

턱을 괴고 한참을 바라보다 새순이 돋는 홑잎을 한 주먹 훑어서 간장종지를 닦는다. 짭짜름한 소금기가 닦이며 원래의 하얀 속살이 햇빛에 반짝인다. 소주병을 딴다. 경쾌하게 콜록콜록 소리를 내며 종지에 맑은 소주가 담긴다. 왼손으로 조심스럽게 받쳐 들고 가장 곱게 핀 진달래 한 송이를 띄운다.

하얀 소주잔에 화사한 진달래 치마가 남실거린다. 치마의 여인은 실체를 나타내지 않는다. 그것은 형상화 되지 않은 그리움이다. 씹지 않고 삼키는 진달래는 목구멍에 착 달라붙어 다음 잔을 재촉한다. 석양의 진달래 빛 능선에서 내 눈은 진달래보다 더 붉게 물든다. 오늘밤은 내 가슴처럼 붉은 달이 뜨겠다.

도리소에 장이 섰다. 도리소 장터는 오래된 곳으로 강원도 산골짜기에서 벌목된 통나무를 뗏목으로 만들어 강물을 타고 오다 물살이 빙빙 도는 도리소에 묶어두고 쉬어가던 곳으로 예부터 주막이 있던 곳이다. 지금은 뗏목꾼이 없어졌지만 집집마다 아낙들이 친 누에고치를 이불보에 싸 산같이 머리에 이고 와 베니어합판 위에 펼쳐놓고 등급을 받느라 갑자기 장터에 활기가 돈다.

누에고치는 햇빛을 받아 눈이 부시다. 누에고치 판 돈은 목돈이 되어 목달개 송아지를 팔고 사느라 남자들도 덩달아 따라 나와 시세를 보고 흥정을 하느라 목소리가 커지고 집에서 억지로 끌려나온 송아지의 울음소리며, 뻘건 불덩어리가 활활 타는 대장간의 망치소리 등이 한데 어울려 왁작왁작하다. 시골의 장은 보통 5일마다 걸러서 장이 서지만 도리소의 장은 누에고치의 공판이 끝날 때까지 날마다 계속된다.

아낙들은 목돈을 남자들에게 맡기고 자투리 돈으로 장을 본 다음 해거름 전에 발길을 재촉해 집으로 돌아가지만 주머니가 두둑해진 남자들은 주막에 들러 몇 순배의 술잔에 합석이 되고, 여자들의 눈웃음에 자리를 틀고 앉아 호기롭게 비싼 안주를 시켜놓고 초저녁부터 젓가락 장단이다.

갑자기 돈이 풀어지는 이맘때는 멀리 떨어져 있는 시내의 술집 아가씨들이 도리소 장거리로 몰려들어 잔칫날처럼 활기를 띠고 사립울타리 밑에서 지렁이를 찾아 헤집던 장닭까지도 지붕마루에 올라 목청껏 울어 젖힌다.

장이 계속되는 동안 들판에는 마지막 누에섶을 올려야 하는 여자들만이 논둑이나 밭둑에 삐뚜름이 서 있는 뽕나무에 매달려 있고 남자들은 장판에서 배회한다. 모처럼 대처에서 실려 들어

오는 햇물건이나 도시의 눈요기를 보러 흙 묻은 바지를 탁탁 털고 이발하러 간다는 핑계로 콩 말이나 안고 장마당을 돌다가 안면 있는 술꾼을 만나면 작정하고 술집에 든다. 모처럼의 지분 냄새에 홀려 장이 계속되는 동안은 마치 축제 같았다.

나는 도리소 장을 좋아한다. 다 저녁때까지 여기 기웃 저기 기웃 돌아다니며 시간을 보내다 집으로 돌아오곤 한다. 저녁을 먹고 할일 없이 숙직실에 앉아 있으면 똑같은 처지의 선배가 찾아온다. 둘이는 도리소 장거리로 밤길을 밟아 나간다. 늦은 밤까지 흥청거리던 술집이 이맘때쯤이면 술꾼들은 만취해 곯아떨어지고 주방장은 피곤에 지쳐 눕기 마련이다. 대개는 빈방 한 구석을 차지하기 마련이지만 방마다 곯아떨어진 술꾼들을 어쩌지 못해 빈방이 없는 날도 있다.

담벼락에 술꾼들이 내갈긴 오줌 줄기의 얼룩이 많은 날은 빈방이 없다. 안으로 들어서며 술기운으로 눈알이 발개진 아가씨를 불러 신작로와 나란히 흐르는 강가 모래밭을 가리킨다. 여자는 돗자리와 주전자를 챙기고 주방을 들락거리며 안주를 날라다 술자리를 만든다. 그동안 나는 강가에 널려 있는 호박돌을 주워다 괴어 막대를 비스듬히 세워놓고 호롱불을 걸어 놓는다.

한복의 아가씨가 술을 따른다. 주전자를 받쳐 든 손에 빠알간 매니큐어가 반짝인다. 낮에는 들리지 않던 여울물 소리가 아주 가까이 들린다. 술을 마신다. 마시는 대로 따라주고 여자도 마신다. 남자는 젊은 기운을 마시고 여자는 파란 돈을 마셔댄다. 호롱불에 비친 여자가 웃고 선배의 눈이 활활 탄다.

선배가 갑자기 벌떡 일어나 호롱불을 훅 불어 끄고 마주 보고 웃던 여인의 손을 잡고 강 아래로 걸어갔다. 어둠 속으로 둘은 모래를 밟으며 금방 사라졌고 내 앞에 앉아 있는 여인은 한복만 희미하게 보인다. 물소리가 아까보다 더 크게 들린다.

깜깜한 밤 성숙한 여인과 둘이만 있는 게 부담스럽다. 하늘을 본다. 유성이 빠른 속도로 사라진다. 갑자기 볼이 따듯해진다. 어둠 속에 얼굴이 보이지 않는 여인이 두 손을 뻗어 내 볼을 감싸 쥐었다. 여인은 무릎을 세워 내게로 가까이 다가왔다. 여인의 입김이 다가오고 입술을 마주 댔다. 여인의 입은 미역처럼 미끌거리며 오이냄새를 풍겼다. 여인은 내 머리를 가만히 받쳐 제 무릎에 얹었다. 나는 모래밭에 등을 대고 누웠다. 모래밭은 포근하고 여인의 얼굴만큼 별빛이 가렸다. 여인이 가만 가만 노래를 부른다.

얼어붙은 달 그으림자
물결 위에 차고~

나지막이 부르는 노래는 흐르는 물소리를 배경으로 동화 같은 그리움을 담아 베고 있는 무릎에 공명되어 호소하듯 울린다. 얼굴 모습이 기억되지 않는 잊어버린 소꿉동무 혜숙이가 흥얼거리던 가사 없는 노래를 이 여인은 가사를 떠올려 노래 부르고 있다.

나는 여인의 이름을 물어보지 않았다. 혹시 혜숙이일까. 혜숙이의 아버지는 선생님으로 선생님 딸이 술집 아가씨로 여기 와 있을 리가 없다. 가만히 듣고 있는 내 얼굴에 더운 물방울이 뚝 떨어졌다. 여인은 울고 있다. 별은 그리움을 불러일으킨다. 그리움에 우는 여인을 사랑한다. 그리움은 사랑이라는 것으로 여인이 눈물에 고여 한없이 떨구어도 자꾸 고이는 가슴앓이다.

공판이 끝난 장터는 파장이다. 남자들은 다시 논이나 밭일을 시작했고 주막거리의 술집은 씀씀이 좋은 손님이 없어 여자들을 다 내보내고 대포 장사만 한다. 별을 바라보고 눈물을 떨구던 여인도 가버렸다. 며칠째 비가 온다. 흙탕물이 된 도랑물이 와글와글 거리고 두엄더미의 쇠똥 썩은 물이 벌겋다.

내가 먹고 자는 방은 문간방으로 대문을 사이에 두고 외양간이 있다. 대문 쪽으로 난 문을 열면 늘 소와 얼굴을 마주본다. 비가 오는 날은 소는 마당에 나가지 않고 외양간에 들어 있다. 나는 소를 바라보며 기타를 친다. 비 오는 날의 기타는 공명이 잘 안 된다. 공명이 잘 안 되는 만큼 입으로 대신 소리를 메운다.

얼어붙은 달 그으림자
물결 위에 차고~

소가 나를 보고 눈을 끔벅인다. 같은 노래를 며칠째 계속해서 소가 알아들었는지도 모르겠다. 소가 한숨 쉬듯 이따금씩 푸우 숨을 몰아낸다. 소의 눈을 들여다본다. 소의 눈동자는 먹물처럼 검다. 커지거나 작아지는 동공을 볼 수가 없다. 그냥 깊은 심연 같아 마음속에 담아 둔 속내를 내놓지 않는다. 육식을 거절하고 오직 풀만 먹어 미움이나 그리움에 달관한 도사처럼 초월한 경지의 순수함만 남겨놓은 눈이다.

기타의 개방현으로 한 가락씩 튕겨 올라간다. 소리가 잦아질 때까지 소의 눈을 들여다보며 가만히 관찰한다. 소가 혓바닥을 길게 빼 제 콧구멍을 핥는다. 소는 근심이 없을 때 제 콧구멍을 핥고 천천히 되새김질을 한다. 소와 나는 서로 마음을 열어간다.

내 방에 불이 켜져 있는 동안 소는 서 있고 내 방에 불이 꺼지면 소는 앉아 쉰다. 낙숫물 떨어지듯 우는 마음을 소는 알고 있다. 취하여 밤늦게 돌아오는 날은 소의 한숨이 커지고 방문을 여닫고 드나들 때마다 나를 바라보는 소의 눈을 나는 의식한다.

내가 소를 바라보거나 소가 나를 바라보는 것은 애달프거나 그리움보다는 가족처럼 서로 바라봄이 편안하기 때문이다. 편안함이란 조바심 없이 밀거나 당김이 없는 순수 그 자체로 소와 나는 길들어 가고 있다. 논밭 가는 철이 아닌 때는 소는 세월을 천천히 보낸다. 내 주변에 딱히 관심을 둘 것이 없으므로 나는 소처럼 세월을 천천히 보낸다.

코스모스가 피기 시작하더니 아침저녁으로 추워진다. 벼이삭에 찬 이슬이 맺히고 앞산이 누렇게 변했다. 문간방 앞으로 못 보던 처녀들이 드나든다. 며칠씩 묶어 가기도 하고 한나절 머물다가 가기도 한다. 안집 조카이거나 이웃마을 심심풀이 처녀들이 부쩍 발길이 잦아졌다. 나와 눈이 마주 치면 웃기도 하고 피하기도 한다. 무심코 그러려니 하였으나 언제부터인가 유심히 관찰당하고 있다는 것을 안주인이 "선 안 보실라우?" 하는 말에 깨닫게 되었다.

'얼어붙은 달 그림자~'같은 그리움의 실체를 난 아직 정해놓은 게 없다. 실체가 없는 그리움은 그저 망막하기만 하다.

혜숙이의 노래와 문자의 목덜미와 술집 여자의 젖꼭지와 등대지기 노래의 눈물을 조합해 그리움을 만들지만 가장 확실한 윤곽의 얼굴이 없다. 혜숙이의 얼굴이 기억 안 나듯이 모델이 없으므로 딱히 어떻게 표현을 할 수가 없다.

얼굴은 욕심이거나 어리석거나 또는 통통하거나 홀쭉하다. 맑고 순수하며 투명한 얼굴과 마침한 몸매를 머릿속에 그린다. 한 번도 본 적이 없는 선녀의 얼굴과 또 성숙한 여인의 알몸을 보지 못했으니 허상 같은 그리움으로 기준을 삼아 선이라는 것에 꿰어 맞추기가 용기나지 않는다. 마주보고 빤히 바라보며 얼굴을 세심히 관찰할 수도 없고 양파껍질 벗기듯 벗겨볼 수도 더더구나 없는 일이니 그저 심심풀이 같은 객쩍은 얘기거나 조금은 품위 있게 시나 소설 같은 화제는 금방 거덜 나 이야기가 끝난다.

생면부지의 혼기 찬 남녀가 처음으로 만나 마주하고 있다는 것은 참으로 난처한 일이다. 어떻게 난감한 시간을 때우고 나면 며칠 후 안주인은 "어떠우, 맘에 들우?" 하고 물을 때 웃기밖에는 달리 방법이 없다.

나는 문간방에서 기타를 팅팅 치며 등대지기 노래를 부른다. 신통하게도 안주인은 그 노래의 뜻을 감지하고 잠잠하다가 며칠 후면 또 다른 처녀가 문간방 앞을 지나다닌다. 문간방은 편리한 점이 많다. 남이 드나들며 나를 관찰하듯이 나도 남을 관찰할 수가 있다. 낮 동안 문을 닫아 놓고 있는 것보다는 문을 열어두기로 했다. 인연의 시초는 관심이다. 다만 열린 문으로 마주보는 소만 서로 거래할 게 없어 부담 없이 바라본다.

전보가 왔다. 할머니가 돌아가셨다. 한 올도 남김없이 하얗게 흰 머리를 바람에 날리며 꼬부라진 허리로 뒷동산에 올라 도라지를 캐던 할머니는 이 세상 사람이 아니었다. 대추 달리듯 아이들을 주렁주렁 남기고 말 장사를 한다며 만주로 떠난 할아버지를 평생 기다리며 운명 같은 가난으로 떡 장사와 호미자루로 터득한 삶은 면벽 몇 십 년에 득도한 달마대사의 초식성 같은 검소

함과 인내가 몸에 배어 있다.

산등성이 멀리서 바라뵈이는 할머니는 떡갈나무 잎새로 날아다니는 한 마리의 흰 나비였다. 도라지를 캐는 할머니는 삶의 고달픔을 초월한 하늘의 마음으로 하늘과 가까운 동산으로 오르기를 좋아하셨다.

할머니는 뒷동산에 묻히셨다. 내가 혜숙이와 둘이 올라와 길을 잃고 울었던 산철쭉 무리를 지나올라 흰나비가 날아오른 곳에 잠드셨다.

어렸을 때 내가 잠들기 전에 늘 만지던 쭈그러진 젖무덤의 감각만 남기고 머릿수건에 싸 오던 시큼 달큼한 사과쪽 같은 웃음을 거두어 나의 할머니로 남지 않고 할아버지의 여자로 할아버지께 가셨다. 이제 나는 떠남에 익숙해지고 잊음으로부터의 미련을 점차 깨달아야 한다.

고운 햇살에 양지쪽 암탉이 모래목욕을 하다 조는 오후, 언덕 아래 난 신작로에 고물 버스가 멈추었다. 버스가 먼지를 일으키며 사라진 후 햇잎 피기 시작하는 느티나무 밑으로 그녀가 들어왔다. 사무실에서 내다보이는 그녀는 쑥색 코트의 앞트임 속에 햇볕에 빛나는 해바라기의 노란색 목폴라를 입고 있다. 멀리서 보아도 학교를 갓 졸업한 앳된 호기심덩이의 도시 냄새를 품었다.

그녀는 햇닭처럼 조심스럽게 사무실을 들어와 각봉투를 열어 내밀고 인사를 했다. 웃는 입술 속에 덧니가 애교처럼 보인다. 흰 종이에 타이핑 된 글씨가 선명하다.

성명 박명희
교사에 임함
19호봉에 급함

두 번째 아이의 해산으로 결근이 잦던 여선생의 휴직으로 후임 발령을 받아 초임지로 온 것이다. 늘 그렇듯 처음 며칠은 어리둥절하지만 시골이란 쉽게 적응되는 만큼 무료한 시간이 많다.

무료한 시간을 때우는 방법을 스스로 찾아야 한다. 내 책상 위에는 세계미술대전집이 배달돼 놓여있다. 어쩔 수 없는 안면의 할부 책장사가 왔을 때 부담 덜한 책을 고른 것이 미술 전집이었다. 그림에 대한 문외한인 나는 책상 위에 쌓아두고 시간 죽이기로 책장을 펄펄 넘기어 유명화가의 그림을 이해하기보다는 사람을 둥굴둥굴 그렸다거나 노란색을 많이 칠했다거나 등의 나대로의 생각으로 접어두었다.

별로 읽을거리가 없는 처지에 명희는 내 미술전집에 관심을 가졌다. 명희는 한 권씩 제집에 가져갔다가 바꿔가곤 했다. 일곱 권의 미술전집은 각 권마다 두꺼운 케이스에 한 권씩 담겨져 있어 알맹이만 뺀 케이스는 내 책상 위에 케이스만 세워둔 대로 겉보기에 권수는 늘 그대로였다.

나는 오후의 무료함을 달래기 위해 습관처럼 장거리를 한 바퀴 돌거나 뒷산을 오르곤 했다. 늘 혼자 있던 명희가 따라나섰다. 장거리래야 손바닥만 하고 장이 서지 않는 날은 볼거리도 없다. 자연히 발길 닿는 대로 걷다 보면 개울물을 따라 꼬불꼬불한 길을 걷는다.

좁은 길을 나는 항상 앞서고 명희는 뒤따른다. 오라는 곳도 없고 바쁠 것도 없는 걸음은 느릿느릿하다. 명희는 도시의 여자답게 시골에 대해 모르는 게 많다. 감수성 많은 소녀처럼 개울가 바윗돌에 핀 이끼 하나에도 감탄을 한다.

명희는 끈질기게 피는 파란 나비 같은 달개비 꽃과 봉황의 머리장식 같은 분홍의 물봉숭아꽃을 좋아했다. 시골에서 자란 나는 이런 저런 잡풀에 대해서 이름이며 성질 등을 하나하나 일러준다. 명희의 기준으로 보면 나는 대학교수보다 더 해박한 들풀 박사다. 돌아오는 길에 이름 없는 작은 꽃이 두어 개씩 명희의 손에 들려 있거나 머리에 꽂혀 있다. 손에 들린 꽃은 대개 제 책상 위 유리컵에 담겨있기 마련이지만 하루나 이틀이면 시들어 버려 새 꽃을 꽂아 두기 위해 다시 개울가로 가길 재촉하곤 한다.

나는 저녁이면 기타를 팅팅 치며 노래 부르는 일이 점점 줄어들었다. 안집을 드나들던 처녀들의 발걸음이 뜸해진 걸 나는 알아채지 못했다. 다만 깊은 심연 같아 알 수 없는 소의 눈에서 '푸' 하는 날숨 대신 따뜻한 햇살을 등에 받고 반쯤 눈을 감아 되새김질하며 꿈꾸는 듯한 이야기가 담겨 있는 걸 본다.

날씨가 화창하다. 사무실로 들어서는 내 눈에 명희의 덧니가 환하게 보이고 기다렸다는 듯이 과장된 손짓으로 나를 부른다. 유리컵에 담긴 달개비가 흰 수염 같은 뿌리를 하얗게 내리고 창가에 놓여있다. 달개비는 재생력이 강하다. 밭둑에 난 것을 아무렇게나 뽑아 뿌리를 하늘로 향하게 뒤집어 놔도 아침저녁 이슬만으로도 새 뿌리를 내려 꽃을 피운다. 언젠가 청색 나비 같은 꽃을 보고 신기해하더니 유리컵에 꽂아 놓고 잊었던 것이 독립된 새 생명체로 홀로서기 한 것에 대한 경이의 발견으로 호들갑이다.

요즈음 명희는 신비하고 경이스러운 것이 부쩍 많아졌다. 이슬 맺힌 거미줄에 감탄하고 햇빛에 반짝이는 개울물에 탄성을 지른다. '어머! 히야' 하며 나를 불러 세운다. 평소 나에게는 의미 없던 것을 이런저런 창작을 해가며 나는 동의를 해준다.

나는 코앞에 있는 하숙집으로 가기 위해 운동 삼아 개울가로 멀리 돌아서 집으로 간다. 비가 와서 개울물이 늘면 징검다리를 괴어 놓고, 가시투성이인 멍석딸기 넝쿨이 길가로 뻗어 나오면 막대기로 개울가로 밀어내어 조잘조잘 떠들거나 노래를 부르는 명희가 다니는 데 방해되지 않게 신경을 쓴다.

개울물 속에서 가재가 새 굴을 판다. 흐린 물에서는 가재의 등딱지가 쑥색을 띠지만 맑은 물에서는 밝은 황토색으로 맑아진다. 굴속에서 마른 솔잎 같은 수염이 먼저 나오고 가위발로 모래를 밀며 제집 장만에 여념이 없다. 집 단장이 끝나면 달 밝은 밤 사랑 놀음을 할 것이다. 달밤에 가위 발을 맞잡고 블루스 추듯 속삭이곤 포도송이 같은 알을 품을 것이다. 꿈꾸는 가재는 집을 장만한다.

뽕나무 가지 밑에서 꽃뱀이 똬리를 틀고 있다가 내 발자국 소리에 새순이 치뻗는 칡넝쿨 속으로 스르륵 숨었다. 발을 몇 번 굴러 멀리 쫓는다.

그날 밤 나는 꿈을 꾸었다. 뒷산에 올라 간장종지에 소주를 따라 진달래꽃을 띄우고 한 잔, 두 잔 연거푸 마셨다. 술은 마셔도 마셔도 목이 마르고 탄다. 물이 마시고 싶다. 목이 타는 나는 자리에서 일어섰다. 일어선 내 자리가 온통 벌겋다. 내가 앉았던 자리에 불이 났다. 사방을 둘러보아도 물이 없다.

나는 뜀박질하기 전 준비운동 하듯 양발을 구르며 불을 밟았다. 불은 사위질 않는다. 애써 불을 끄려 하나 꺼지지 않고 오히려 내 발에 불이 붙어 발을 옮겨 디딜 때마다 새 불이 생겼다. 연기에 감싸인 나는 기침을 했다. 참을 수 없는 기침에 잠이 깼다.

물을 마시러 밖으로 나왔다. 가는 비가 푸슬푸슬 내린다. 잠자다 말고 오밤중에 맞는 비는 차다. 우물가에서 한 바가지 물을 마시고 다시 잠이 든다. 개도 앓지 않는 감기를 쉬는 날 내내 앓아누웠다.

집에 다녀온 명희는 하루 종일 말이 없다가 사무실을 나오는 나에게 "미술 공부는 안 해요?" 하고 묻는다. 마주친 눈에 평소와 다른 보랏빛이 느껴진다. 보랏빛은 참 애매한 색이다. 따뜻하고 신비한 주황도 아니고 차지만 넓디넓은 청색도 아니다. 따뜻하기도 하고 차기도 하고 신비하지만 탁 트인 바다 같은 걸 다 품고 있는 색이다. '왜 보랏빛 눈으로 따지듯 물을까?'

사실 그림 감정에 대해서는 문외한인 나는 철렁하는 마음으로 명희의 눈을 피해 미술책이 있는 내 책상을 바라보았다.

내 책상에는 지난주부터 르느와르와 고갱의 그림이 들어있는 책이 케이스에서 나와 놓여있었다. 나는 내 책상으로 다가가서 미술책을 집어 들고 집으로 왔다. 어둑해질 때까지 명희가 치는 풍금소리가 들려왔다.

'산새들이 노래한다. 수풀 속에서 랄라라 아가씨들아~'

스코틀랜드 민요다. 톡톡 튀는 발랄함에서 꿈꾸듯 바뀐다.

'머나먼 저곳 스와니 강물~'

명희가 치는 풍금소리에 맞추어 콧노래를 흥얼거린다.

숙제를 받은 나는 책을 편다. 책장을 넘긴다. 반들거리는 종이에 여러 가지 그림이 인쇄돼 있다. 그림의 소재가 됐던 현장이나 인물을 보지 못했으니까 얼마큼 사실적으로 잘 표현된 것인지는 전혀 모른다.

건성으로 넘기다가 명함 크기의 노란 메모지를 두 장 발견했다. 첫 번째 메모지에는 1의 숫자만 쓰여 있고 두 번째 메모지에는 2의 숫자 다음에 '어떻게 생각하세요'라고 쓰여 있다.

두 그림 다 젊은 여인을 그린 그림으로 그림 하단에는 'By the Seashore 1883(Pirre-Auguste Renoir)'이라고 써 있지만 해변은 멀리 배경으로만 조금 보이고 정면을 바라보는 강렬한 눈빛의 흰 얼굴이 검은색 옷과 대비돼 도전적으로 보인다. 의자에 앉은 무릎 위에는 뜨개질감을 들고 있지만 갓 핀 하얀 꽃 같은 얼굴에서 풍겨지는 이미지는 발랄하고 지적이며 어려움을 모르고 자란 귀족 같다. 다른 하나는 'Two Tahitan Woman with Mauguin Blossoms, 1889(Paul Gauguion)이다. 화면 가득하게 타히티 섬의 원주민 여인이 서 있는 모습이다. 꿈꾸는 듯한 순진한 얼굴에 꾸밈이 없다. 두 손으로 받쳐 든 쟁반 위에는 빨간 꽃이 넉넉히 담겨있고 나신의 상반신에 그려진 유두는 농익어 호소하듯 유혹한다.

두 사람의 그림을 수십 번도 더 펼쳐보며 비교해 본다. 1번의 그림은 청색이 많이 섞인 검정이 화면 가득하고 여인의 얼굴과 손이 밝게 빛난다. 르느와르는 될수록 아름답게 그리려 한 것 같고, 2번 그림의 고갱은 사실적으로 그리며 면을 중심으로 노랑색 바탕에 빨강을 많이 섞은 원색을 많이 쓴 것 갔다.

큰 그림을 사진 찍듯 축소하여 인쇄된 그림으로는 붓의 터치라든지 색의 밝고 어둠의 조화를 알 수 없으니 표현기법에 대한 차이와 가슴에 와닿는 감상을 알 수가 없다. 다시 메모지를 본다.

'어떻게 생각하세요'를 곰곰이 생각해 본다. 두 인물의 회화적 인생철학이나 작품의 이해나 평가를 질문하듯 물은 것은 아닐 것이다. 나는 문득 사무실에서 나올 때 명희의 눈에서 느끼던 보랏빛을 생각해냈다.

아하, 그랬었구나. By the Seashore의 그림에서는 청색이, Two Tahitan Woman with Mauguin Blossoms의 그림에서는 주황색이 빛나고 있었다. 명희는 지금 르느와르와 고갱에 대해 물은 게 아니었다. 두 화가가 그려 놓은 여인을 빌려 나를 탐색하고 있는 것이다.

나는 생각나지 않는 혜숙이의 얼굴이 명희의 얼굴이었을 거라고 생각됐다. 흥얼거리는 노래가 한없이 흘러나오던 혜숙이의 입속에 덧니가 나던 걸 본 것도 같다. 두 그림을 번갈아 펼치며 여인의 얼굴에 보랏빛 눈의 명희 얼굴을 겹쳐 보고 또 본다.

어두운 밤 호롱불 밑에서 By the Seashore의 그림에서도 Two Tahitan Woman with Mauguin Blossoms의 그림에서도 여인은 명희가 되어 나를 향해 웃고 있다. 나는 문을 박차고 나가 단숨에 뒷산으로 뛰어 올라 땅이 울리도록 와하하 웃고 싶다. 알 수 없던 그리움의 정체가 드러나고 있는 것이다.

소풍날로 딱 좋은 날씨이다. 명희는 평소와는 다르게 청바지에 노란티를 받쳐 입고 소풍가듯 물병까지 챙기며 뒷산에 가보

잔다. 거절할 이유도 없고 매일 걷던 개울가도 별로 새로울 게 없으니 그러기로 했다. 산토끼 길을 찾아 올라간다.

싸리나무 잎이 노랗게 물들기 시작하고 바람이 잘 드는 산철쭉 가지 사이에 딱새의 빈 둥우리가 앙증맞게 있다. 나는 휘파람으로 새소리를 내며 새 박사가 되고 명희는 어린 새가 되어 내 주변을 날아다닌다.

꾀 많은 산토끼는 산길을 곧장 내지 않는다. 이리저리 꼬불꼬불 돌아 산에 오른다. 언젠가 내가 소주병을 차고 올라와 진달래꽃을 띄워 한숨 같은 그리움으로 마시던 자리에 왔다. 바위틈에 세워 두었던 빈병에서는 산비탈을 타고 올라온 바람이 병 주둥이를 불어 '우웅' 울 때마다 막 피기 시작하려는 억새꽃이 춤을 춘다.

명희가 묻는다.

"여기 올라왔던 적 있지요?"

나는 산마루 바위에 올라서서 사방을 둘러본다. 손을 내밀어 명희를 끌어올린 후 나란히 자리에 앉았다.

저 아래 멀리 보이는 강물이 햇빛에 반짝인다.

아까 물은 질문에 내가 대답한다.

"으응, 어떻게 알았어."

"이곳에 술병 갖다 놓을 사람이 누가 또 있겠어요."

"그때는 아팠어."

명희가 또 묻는다.

"어디가 아팠는데."

"그냥 병이 있었어."

"무슨 병?"

"나도 모르는 병."

"지금은 나았어요?"

"잘 모르겠어. 그 후로는 안 올라왔으니까…."

고개를 숙이고 가만히 있던 명희가 혼잣말처럼 말한다.

"나 오래 전에 꿈꿨어요."

"무슨 꿈?"

명희는 꿈 이야기를 한다. 꿈속에 지금 앉은 산마루가 산불이 나 활활 막 탔단다. 치뻗치는 불을 보며 '불이야, 산불이야' 하고 소리소리 지르다 깼단다. 꿈이 하도 선명해서 엄마에게 이야기를 하였더니 불 꿈은 좋은 꿈이라고 했단다. 그래서 좋은 일이 일어나기를 기다리는 중이며 산불이 무섭게 불타던 이곳을 진작부터 올라와 보고 싶었단다.

명희의 꿈 이야기를 들으며 나는 심장이 쿵쾅쿵쾅 거리고 깔고 앉은 커다란 바위가 풍선처럼 둥둥 떠가는 느낌을 받았다.

나도 꿈 이야기를 하였다. 여기 올라왔던 날 밤의 꿈과 꿈에서 깬 날 비를 맞고 감기를 앓았던 이야기까지 했다. 명희의 얼굴이 발개진다. 발개진 얼굴이 외면하듯 석양에 지는 해를 바라본다. 노란 티에 받쳐진 바알간 얼굴이 석양에 비쳐 꿈꾸듯 보인다. 명희의 얼굴이 빛난다.

나는 명희의 얼굴에 뽀뽀를 했다. 노란 티는 따뜻했다. 내려오는 길에 명희는 아무 말도 안했다. 갑자기 벙어리가 됐다.

즐거운 날은 빨리 지나간다. 눈이 내린다. 첫눈 치고는 꽤 많이 내려 온천지를 순식간에 하얗게 덮었다.

크리스마스가 가깝다. 명희의 동생이 방학을 하여 이곳으로 온단다. 겨울 해는 짧아 막차가 도착하는 시간은 한밤중이 된다. 둘이는 도착시간에 맞춰 장거리를 배회한다.

시골 산길은 큰 비가 내리거나 눈이 조금만 와도 고개를 넘지 못해 찻길이 막히곤 한다. 기다리다 지친 우리는 아무도 지나가지 않은 눈 쌓인 늦은 밤길을 팔짱을 끼고 걷는다.

명희는 내게 설교를 시작했다. '전지전능하신 하나님께서'로 시작하여 나를 목사는 못 되어도 전도사쯤으로 만들 작정이다. 사실 나에게는 유전형질적으로 예수와는 그리 친한 사이가 아니다. 고추 하나 점지해 주십사 하고 할머니가 장독대에 칠성단을 모셔놓고 몇 날 며칠을 지성으로 기원했다는 말을 어렸을 때 수없이 들어왔다. 나의 성장 주변에는 완고한 노인들과 교회의 이질적 신념으로부터 발생되는 불협화음을 보아왔다. 유교 전통의 집안에서 숙명적으로 짊어져야 할 짐과 선대로부터 이어지는 불교적 사유가 타협할 수 없는 갈등으로 괴롭힌다.

하늘하늘 춤추는 나비를 유리항아리에 가둬두어도 나비의 꿈은 들판을 날 것이다. 뿌유스름한 눈안개 속에 평소 잘 다니지 않아 눈에 설은 길은 인적 없이 눈에 덮여 어느 곳이 길인지 구분이 안 된다.

산비탈에 드문드문 눈을 이고 있는 다래 넝쿨의 시커먼 어둠 속에서 금방이라도 도깨비가 나올 것만 같고 발밑에 밟혀 나는 뿌득이는 눈 소리는 괴기한 음기를 불러내어 등 뒤를 켕기게 한다.

"하나님은…."

그 순간 나는 걸음을 딱 멈췄다. 저만치 앞에 눈을 이고 있는 떡시루만 한 바윗돌 위에 야광시계가 빛나듯 파란 빛이 보인다. 머리카락이 쭈뼛 솟는다. 다가갈 수도 없고 물러설 수도 없다.

내가 걸음을 멈춘 반동에 명희가 고개를 들었다. 명희도 그 빛을 보았다. 나는 발끝으로 눈을 헤집었다. 돌을 찾아 손에 들었다. 눈 묻은 돌은 차디차다. 파란 빛을 겨냥해 던졌다. 순간 불빛은 사라졌다. 손전등에 비치는 고양이나 소의 안광은 보았지만 눈빛에 빛나는 새파란 인광은 처음이다. 산짐승의 발자국이거나 앉았던 자리를 기대하며 바위에 가까이 다가가 라이터를 켰다. 흔적이 없다. 도대체 정체가 무엇일까. 나는 다시 눈 속에서 돌을 찾아 들고 앞으로 나아갔다.

아까와 같은 거리를 두고 파란 빛이 또 나타났다. 나는 멈췄다. 순간 내가 돌아서면 쫓아올 것 같아 돌은 든 채 성큼 앞으로 나아갔다. 내가 앞으로 나간 만큼 그 빛은 회초리처럼 쭈욱 늘어났다가 줄어들며 한 점이 되어 또 빛난다.

나는 명희를 보며 지금 이 순간 명희의 하나님이 내가 들고 있는 이 돌만큼 든든한지를 물었다. 사실 나는 지금 정체 모를 앞에 있는 불빛과 맞설 수 있는 용기라고는 사방이 뿌연 산 밑 눈밭에서 내 손에 들린 돌밖에 없었다. 명희는 아무 말이 없다. 나는 불빛을 향해 힘껏 돌을 던졌다. 불은 또 없어졌다.

나는 주머니에 손을 찔러 넣고 대수롭지 않은 듯 앞으로 나아갔다. 눈 위로 검은 그림자가 늘었다 줄었다 하며 같은 거리로 앞서가다가 산모퉁이를 돌아 앞이 탁 트인 논밭 가운데 길로 나서자 없어졌다.

눈으로 보았으나 흔적이 없는 것이 무엇일까. 논리적으로 설명할 수 없는 초자연적인 것이 신의 존재를 의미하는 것인가.

다음날 안주인에게 그곳이 어떤 곳인가를 물었다. 그곳은 육이오 때 중공군이 몰살된 곳으로 몇 년 전까지도 늦은 밤에는 사람이 안 다녔단다.

전보 발령을 받았다. 이불 보따리에서 미술대전이 하나 더 짐으로 늘었다. 어깨에 멘 이불보따리가 뒷산만큼 무겁게 느껴진다. 깨지지 않는 바윗돌처럼 속을 알 수 없는 굳은 중압감이 꽉 차 다이너마이트 터지듯 산화하고 싶다.

날씨가 궂다. 비포장의 질척거리는 길을 고물버스가 달린다. 버스는 미련 없이 첩첩이 겹친 산을 파도를 피하듯 미끌 거리며 항해하듯 쉴 새 없이 흔들거리고 내달린다. 지나온 길이 멀어질수록 까마득한 옛날에 나는 다른 사람이었던 것처럼 느껴진다. 그 느낌은 슬프다. 그 슬픔은 돌아가신 할머니를 관에 넣어 마지막으로 흙을 덮는 첫 삽을 뜰 때의 슬픔하고는 또 다르다. 돌아가신 할머니를 대지로 돌려 보내드리기 위해 흙으로 덮는 것은 할머니에 대한 예의이고, 다시 볼 수 없는 할머니를 그리워해야 하는 것은 어쩔 수 없는 순리이므로 당연히 받아들여야 하는 자연 섭리의 슬픔이다.

내가 탄 버스가 출발할 때 명희는 나오지 않았다. 혼자서 울고 있는지 아님 십 리나 떨어져 있는 교회의 손바닥만 한 차가운 마루바닥에서 기도를 하고 있는지 모르겠다. 그것은 난롯불가에 놓고 온 아이스크림같이 조바심 나고 걱정되는 그리움으로, 순리처럼 받아들여야 하는 슬픔이 아니라 영화 필름을 되감아 다시 상영하지 못하고 영상을 포기하는 간절한 미련의 슬픔이다.

그것은 아픔이다. 아픔은 병이다. 그 병은 아스피린이나 항생제 주사로 치유될 수 없는 깊은 심연 밑바닥에서 우러나는 고통이다. 그것은 시간의 흐름에 따라 버스가 이동한 거리만큼 정제

되지 않은 디젤엔진에 불붙는 불덩어리가 되어 소화시키지 못할 끄으름 덩어리를 감당할 수 없게 피워낸다.

벚꽃 몽우리가 터졌다. 온 천지가 봄을 즐기느라 제만큼 단장하고 뽐낸다. 아지랑이는 경연장을 부추기고 벌 나비가 조연출로 한껏 분위기를 돋운다. 다만 내 가슴만이 동굴같이 뻥 뚫려 깊은 밑바닥에서 차가운 냉기를 뿜고 있다.

편지가 왔다. 손에 만져지는 두께가 얄팍하다. 한손에 가위를 찾아 들고 구름덩이같이 핀 벚꽃나무 밑에서 소중한 보물처럼 단정하게 봉투를 잘랐다. 하늘을 쳐다보며 열린 봉투 속으로 손가락을 넣는다.

하늘 가득 핀 벚꽃 가지 사이로 봄 하늘이 보이고 윙윙거리며 나는 벌들의 날갯짓으로 꽃잎이 나풀나풀 떨어진다. 나는 눈을 감고 숨을 들이 마신 뒤 가슴 높이에서 두 손으로 봉투를 감싸고 알맹이를 꺼낸다. 눈을 떴다. 펼쳐진 흰 종이에는 상단에 '목사님하고 상의했어요', 중간 가운데에는 물방울의 얼룩이 있고 그 하단에 '제 눈물입니다'라고만 쓰여 있다.

명희의 보랏빛 눈에서 청색물이 흘러내려 두 볼을 타고 흘러내리다 턱 밑에 매달려 뚝 떨어지는 모습이 흰 종이 위에 거울처럼 보인다. 바다 같은 청색물이 빠진 눈은 껌뻑일 때마다 노을처럼 주황색만 남는다.

나는 폭발할 것 같다. 기대고 있던 벚나무를 향해 돌아서서 아득한 현기증을 느끼며 벚나무를 감싸 안고 흔들어대기 시작했다. 벚나무가 우쭐우쭐 춤을 춘다. 춤추는 벚나무는 수천, 수만 마리의 부전나비를 날린다. 나는 떨어져 날리는 꽃잎처럼 아름답게 져야 하는 것이다. 잊어야 하는 것이다. 그것은 내 아버지와 유전형질적으로 고착된 것을 바꿀 수 없듯이 흐린 날 햇볕이 그리워 입으로 하늘에 뜬 구름을 불어내듯이 허망한 무리함이다. 참 재미있고 아름다운 에피소드였다. 그 에피소드에 목숨을 걸 만큼 구구절절 눈물이 되고 마시는 물조차 쓰디쓴 중병을 앓는다. 살아야 할 의미가 없다.

나는 죽기 위해 술을 마신다. 술은 술을 먹는 몸을 술에 단련시켜 날이 갈수록 점점 마셔야 할 술이 늘어난다. 이슥한 밤 취해 강물로 철벙거리고 걸어 들어간다. 어려서부터 강물에 단련된 몸은 가라앉지 않았다. 참깨알같이 별이 뜬 밤에 술병을 들고 동산에 올라 별을 바라보며 죽기 위해 술 마시고 누워 있어도 새벽 찬이슬에 눈이 떠졌다.

날려간 파랑새 대신 기웃기웃 다른 새가 깃들여도 내 우리에 품어야 할 애틋함이 생기지 않는다. 그 때의 파랑새 날갯짓이 아니며 그 하늘, 그 땅, 그 바람이 아니다. 동굴같이 뚫린 가슴에 돌을 던지면 웅웅 울린다. 웅웅거리는 울림은 메아리 되어 가을밤 서리처럼 앓는다. 나는 아프다. 몹시 아프다.

장마철 넘치는 개울물처럼 목구멍으로 넘어간 미움은 탄식이 되어 역으로 반란을 일으킨다. 가을이 지나면 가지는 앙상해지고 흐르던 물도 얼어붙지만 어김없이 찾아오는 양지쪽 햇살은 죽음뿐이던 찬 언덕에 생채기를 내고 손톱 같은 눈을 틔워 싹을 내민다.

제가 친 거미줄에 걸려 빈 껍질만 남은 죽은 거미가 끈질기게 대롱거려 매달려 있다가 역으로 부는 바람에 풀쩍 날려 맴돌다

떨어지듯이 시간의 흐름은 의미 없는 지루한 시간도 가슴의 한 구석에 생채기를 내 움을 틔운다. 그 움은 세월의 흐름에 따른 삶의 의미이며 아버지에 대한 의무이고 외로움으로부터 오는 갈망이다.

진달래 피는 동산의 연분홍빛 낭만에 머물기에는 너무 철이 들었다. 내 가슴의 생채기로부터 트는 움을 한 가닥 외줄기로 키워낸다. 그 외줄기는 넝쿨이 되어 차츰차츰 공허한 공간을 채워나간다. 그 넝쿨에는 노란 꽃이 핀다.

씨를 맺지 못하는 순정뿐인 진달래꽃과는 달리 노오란 꽃은 씨방을 갖추고 피어난다. 그것은 오이꽃이었다. 노오란 오이꽃은 남보다 돋보이려고 노력하거나 시샘함이 없이 소박하게 피어난다. 작고 노오란 나팔통 속에서 가사 없이 흥얼거리는 혜숙이의 노래가 흘러나온다. 나는 노오란 꽃이 핀 오이넝쿨 밑에서 가장 평화스러운 소꿉놀이를 한다. 달같이 둥근 거울을 달고 거울에 비치는 그리움을 감상하며 빙그레 웃는 여유를 갖는다.

할머니가 올챙이를 잡던 연못은 토사에 묻혀 반쯤 갈대밭으로 변했고 팔순이 넘은 아버지가 손자를 얻어 기쁜 나머지 혼자서 덩실덩실 춤추던 마당도 돌보는 이 없이 수북한 풀밭이 되었다.

염색한 귀밑머리가 하얗게 치미는 아내를 보며 자연의 섭리에 의해 이제 나도 준비를 해야 함을 안다. 할머니가 하얀 나비가 되었듯이 나는 나방이 되기 위해 고치를 지어야 한다. 누에가 제 몸에서 실을 뽑듯이 나는 내 기억에 입력돼 있는 실타래 끝을 찾아 엮어야 한다.

나는 산비탈의 따뜻한 양지쪽에 앉아 오령잠에 드는 누에가 된다. 산철쭉 꽃그늘에서 가물가물 송아지 울음소리를 듣고 낯선 사진사의 치켜든 손끝에서 펑 하고 터진 마그네슘 연기의 구름을 본다.

나방이 되기 위해서 나는 내 고치 속에서 잠을 자야 한다. 단 잠에서 깨어나면 기억의 실타래에서 벗어나기 위해 내 고치를 찢고 나온 나는 산등성이로 치부는 바람을 타고 날다 나뭇가지에 쳐 놓은 무당거미의 거미줄에서 날개만 남기고 애초 내가 모르는 곳으로부터 왔으니 모르는 곳으로 가기 위해 바람에 묻어가리라.

바람은 형체가 없이 느낌으로만 있듯 나는 느낌으로만 둥둥 어디론가 갈 것이다.